**49**

*Coleção*
**LEIS ESPECIAIS**
*para* **concursos**
Dicas para realização de provas com questões de concursos
e jurisprudência do STF e STJ inseridas artigo por artigo

*Coordenação:*
**LEONARDO GARCIA**

# ESTATUTOS DA JUVENTUDE E DA PRIMEIRA INFÂNCIA

Leis 13.257/2016 e 12.852/2013

*Coleção*
# LEIS ESPECIAIS
## para **concursos**

**49**

Dicas para realização de provas com questões de concursos
e jurisprudência do STF e STJ inseridas artigo por artigo

*Coordenação:*
**LEONARDO GARCIA**

JOSÉ ROBERTO SOTERO DE MELLO PORTO

# ESTATUTOS DA JUVENTUDE E DA PRIMEIRA INFÂNCIA

Leis 13.257/2016 e 12.852/2013

2017

www.editorajuspodivm.com.br

www.editorajuspodivm.com.br

Rua Mato Grosso, 164, Ed. Marfina, 1º Andar – Pituba, CEP: 41830-151 – Salvador – Bahia
Tel: (71) 3045.9051
• Contato: https://www.editorajuspodivm.com.br/sac

**Copyright:** Edições *Jus*PODIVM

**Conselho Editorial:** Eduardo Viana Portela Neves, Dirley da Cunha Jr., Leonardo de Medeiros Garcia, Fredie Didier Jr., José Henrique Mouta, José Marcelo Vigliar, Marcos Ehrhardt Júnior, Nestor Távora, Robério Nunes Filho, Roberval Rocha Ferreira Filho, Rodolfo Pamplona Filho, Rodrigo Reis Mazzei e Rogério Sanches Cunha.

**Capa:** Ana Caquetti

**Diagramação:** Ideia Impressa (*ideiaimpressadesign@gmail.com*)

---

| | |
|---|---|
| E79 | Estatuto da Juventude e da Primeira Infância / José Roberto de Mello Porto – Salvador: Juspodivm, 2017.<br>144 p. (Leis Especiais para Concursos, v.49/ coordenador Leonardo de Medeiros Garcia)<br><br>Bibliografia<br>ISBN 978-85-442-1655-2<br><br>1. Direito Civil. 2. Estatudo da Criança e do Adolescente I. Porto, José Roberto de Mello. II. Título.<br>CDD 342.17 |

---

Todos os direitos desta edição reservados à Edições *Jus*PODIVM.

É terminantemente proibida a reprodução total ou parcial desta obra, por qualquer meio ou processo, sem a expressa autorização do autor e da Edições *Jus*PODIVM. A violação dos direitos autorais caracteriza crime descrito na legislação em vigor, sem prejuízo das sanções civis cabíveis.

*À minha Maria e ao pequeno José Fernando, nossa primeira infância.*

*"Não queiras ser grande. - Criança, criança sempre, ainda que morras de velho.*

*Quando uma criança tropeça e cai, ninguém estranha...; seu pai se apressa a levantá-la.*

*Quando quem tropeça e cai é adulto, o primeiro movimento é de riso. - Às vezes, passado esse primeiro ímpeto, o ridículo cede o lugar à piedade. - Mas os adultos têm que se levantar sozinhos.*

*A tua triste experiência quotidiana está cheia de tropeços e quedas. Que seria de ti se não fosses cada vez mais criança?*

*Não queiras ser grande, mas menino. Para que, quando tropeçares, te levante a mão de teu Pai-Deus."*

São Josemaria Escrivá

# Proposta da Coleção
## *Leis Especiais para Concursos*

A Coleção *Leis Especiais para Concursos* tem como objetivo preparar os candidatos para os principais certames do país.

Pela experiência adquirida ao longo dos anos, dando aulas nos principais cursos preparatórios do país, percebi que a grande maioria dos candidatos lê apenas as leis especiais, deixando os manuais para as matérias mais cobradas, como constitucional, administrativo, processo civil, civil, etc. Isso ocorre pela falta de tempo do candidato ou porque faltam no mercado livros específicos (para concursos) em relação a tais leis.

Nesse sentido, a Coleção *Leis Especiais para Concursos* tem a intenção de suprir uma lacuna no mercado, preparando os candidatos para questões relacionadas às leis específicas, que vêm sendo cada vez mais contempladas nos editais.

Em vez de somente ler a lei seca, o candidato terá dicas específicas de concursos em cada artigo (ou capítulo ou título da lei), questões de concursos mostrando o que os examinadores estão exigindo sobre cada tema e, sobretudo, os posicionamentos do STF, STJ e TST (principalmente aqueles publicados nos informativos de jurisprudência). As instituições que organizam os principais concursos utilizam os informativos e as notícias (publicados na página virtual de cada tribunal) para elaborar as questões de concursos. Por isso, a necessidade de se conhecer (e bem!) a jurisprudência dos tribunais superiores.

Assim, o que se pretende com a presente coleção é preparar o leitor, de modo rápido, prático e objetivo, para enfrentar as questões de prova envolvendo as leis específicas.

Boa sorte!

**Leonardo Garcia**
*Coordenador da coleção*

# Sumário

**ESTATUTO DA PRIMEIRA INFÂNCIA (LEI Nº 13.257, DE 8 DE MARÇO DE 2016)** .................. 13

**ESTATUTO DA JUVENTUDE (LEI Nº 12.852, DE 5 DE AGOSTO DE 2013)** .................. 67

**TÍTULO I**
**DOS DIREITOS E DAS POLÍTICAS PÚBLICAS DE JUVENTUDE** .................. 67

    CAPÍTULO I
    DOS PRINCÍPIOS E DIRETRIZES DAS POLÍTICAS PÚBLICAS DE JUVENTUDE .................. 67

        Seção I
        Dos Princípios .................. 70

        Seção II
        Diretrizes Gerais .................. 73

    CAPÍTULO II
    DOS DIREITOS DOS JOVENS .................. 77

        Seção I
        Do Direito à Cidadania, à Participação Social e Política e à Representação Juvenil .................. 77

        Seção II
        Do Direito à Educação .................. 80

        Seção III
        Do Direito à Profissionalização, ao Trabalho e à Renda .................. 87

        Seção IV
        Do Direito à Diversidade e à Igualdade .................. 90

Seção V
Do Direito à Saúde .................................................................. 93

Seção VI
Do Direito à Cultura ................................................................ 95

Seção VII
Do Direito à Comunicação
e à Liberdade de Expressão ..................................................... 102

Seção VIII
Do Direito ao Desporto e ao Lazer .......................................... 105

Seção IX
Do Direito ao Território e à Mobilidade ................................. 107

Seção X
Do Direito à Sustentabilidade e ao Meio Ambiente ................ 110

Seção XI
Do Direito à Segurança Pública
e ao Acesso à Justiça ................................................................ 112

**TÍTULO II**
**DO SISTEMA NACIONAL DE JUVENTUDE** ........................... **114**

CAPÍTULO I
DO SISTEMA NACIONAL DE JUVENTUDE - SINAJUVE .... 114

CAPÍTULO II
DAS COMPETÊNCIAS ............................................................. 115

CAPÍTULO III
DOS CONSELHOS DE JUVENTUDE ..................................... 119

**DECRETO Nº 7.352, DE 4 DE NOVEMBRO DE 2010** ............. **123**

**DECRETO Nº 9.025, DE 5 DE ABRIL DE 2017** ........................ **131**

**DECRETO Nº 8.537, DE 5 DE OUTUBRO DE 2015** ................. **135**

# ESTATUTO DA PRIMEIRA INFÂNCIA (LEI Nº 13.257, DE 8 DE MARÇO DE 2016)

**Art. 1º** Esta Lei estabelece **princípios e diretrizes** para a formulação e a implementação de **políticas públicas para a primeira infância** em atenção à **especificidade** e à **relevância dos primeiros anos de vida** no desenvolvimento infantil e no desenvolvimento do ser humano, **em consonância com os princípios e diretrizes da Lei nº 8.069**, de 13 de julho de 1990 (Estatuto da Criança e do Adolescente); **altera** a Lei nº 8.069, de 13 de julho de 1990 (Estatuto da Criança e do Adolescente); altera os arts. 6º, 185, 304 e 318 do Decreto-Lei nº 3.689, de 3 de outubro de 1941 (Código de Processo Penal); acrescenta incisos ao art. 473 da Consolidação das Leis do Trabalho (CLT), aprovada pelo Decreto-Lei nº 5.452, de 1º de maio de 1943; altera os arts. 1º, 3º, 4º e 5º da Lei nº 11.770, de 9 de setembro de 2008; e acrescenta parágrafos ao art. 5º da Lei nº 12.662, de 5 de junho de 2012.

1. O Estatuto da Primeira Infância apenas institui *princípios e diretrizes* a inspirar políticas públicas. Ou seja, não se esgota o tratamento do tema e das necessidades das crianças de até 6 anos.

    1.1. Paolo Vercelone conceitua estatuto como uma produção legislativa revolucionária, "quando se reconhece que uma parte substancial da população tem sido até o momento excluída da sociedade e coloca-se agora em primeiro plano na ordem de prioridades dos fins a que o Estado se propõe"[1].

2. Essas *políticas públicas para a primeira infância* respeitarão os princípios específicos dessa lei em dois momentos: em sua *formulação* (estabelecimento dos projetos e metas) e na posterior *implementação* (efetivação das políticas no plano dos fatos).

---

1. VERCELONE, Paolo. Estatuto da Criança e do Adolescente Comentado – Comentários jurídicos e sociais. 12. ed. São Paulo: Malheiros, 2013. p. 35.

2.1. É possível, assim, sustentar que os sujeitos cujos direitos são tutelados especificamente pelo estatuto possuem **direito público subjetivo** à formulação e à efetivação dessas políticas públicas. Existe um **dever estatal** contraposto a esse direito (art. 3º).

2.2. Nesse sentido, os direitos das crianças se classificam como de **segunda dimensão** (geração), impondo dever de adimplemento ao Poder Público quanto a esses direitos sociais, como reconheceu o Min. Celso de Mello (STF):

> *"É preciso assinalar, neste ponto, por relevante, que a proteção aos direitos da criança e do adolescente (CF, art. 227, 'caput') qualifica-se como* ***um dos direitos sociais mais expressivos, subsumindo-se à noção dos direitos de segunda geração ou dimensão*** *(RTJ 164/158-161, v.g.), cujo adimplemento impõe ao Poder Público a satisfação de um dever de prestação positiva, consistente em um 'facere', pois o Estado dele só se desincumbirá criando condições objetivas que viabilizem, em favor dessas mesmas crianças e adolescentes, '(...) com absoluta prioridade, o direito à vida, à saúde, à alimentação, à educação, ao lazer, à profissionalização, à cultura, à dignidade, ao respeito, à liberdade e à convivência familiar e comunitária, além de colocá-los a salvo de toda forma de negligência, discriminação, exploração, violência, crueldade e opressão' (CF, art. 227, 'caput'). Para BERNARDO LEÔNCIO MOURA COELHO ('O Bloco de Constitucionalidade e a Proteção à Criança', 'in' Revista de Informação Legislativa nº 123/259-266, 263/264, 1994, Senado Federal), a proteção integral à criança e ao adolescente exprime, de um lado, no plano do sistema jurídico-normativo, a* ***exigência de solidariedade social*** *e pressupõe, de outro, a asserção de que a dignidade humana, enquanto valor impregnado de centralidade em nosso ordenamento político, só se afirmará com a* ***expansão das liberdades públicas****, quaisquer que sejam as dimensões em que estas se projetem: 'Neste ponto é que entra a função do Estado, que, conceituando a proteção à criança como um direito social e colocando como um de seus princípios a justiça social, deve impedir que estas pessoas, na correta colocação de Dallari, sejam oprimidas por outras. É necessário que* ***seja abolida esta discriminação e que todo 'menor' seja tratado como criança*** *– sujeito de direitos que deve gozar da proteção especial estatuída na Constituição Federal e também nas Constituições Estaduais.'. O alto significado social e o irrecusável valor constitucional de que se reveste o direito à proteção da criança e do adolescente – ainda mais se considerado em face do dever que incumbe ao Poder Público de torná-lo real, mediante concreta efetivação da garantia de assistência integral à criança e ao adolescente (CF, art. 227, 'caput' e § 7º, c/c o art. 204, n. II) – não podem ser menosprezados*

*pelo Estado, sob pena de grave e injusta frustração de um inafastável compromisso constitucional, que tem no aparelho estatal um de seus precípuos destinatários. O fato irrecusável é um só: o objetivo perseguido pelo legislador constituinte, em tema de proteção integral aos direitos da criança e do adolescente, traduz meta cuja não realização qualificar-se-á como uma censurável situação de inconstitucionalidade por omissão imputável ao Poder Público, ainda mais se se tiver presente que a Lei Fundamental da República delineou, nessa matéria, um nítido programa a ser (necessariamente) implementado mediante adoção de políticas públicas consequentes e responsáveis."* (STF. HC 132.734/DF, Rel. Min. Celso de Mello, julgado em 30/06/2016)

3. Existem dois fundamentos para a particular proteção: a *especificidade* e a *relevância* desses primeiros anos para o desenvolvimento infantil e do ser humano.

3.1. A **especificidade** diz respeito às características próprias e exclusivas dos primeiros anos da vida humana.

3.2. A **relevância** decorre da crucialidade da boa formação nesses primeiros tempos, que se refletirá em todos os demais anos da vida do sujeito.

3.3. Desse modo, a preocupação não se restringe ao **desenvolvimento infantil**, também abarcando o desenvolvimento **humano** como um todo.

4. **Diálogo com o ECA**: o estatuto deixa claro que a sua leitura deve se dar em conformidade com os princípios e diretrizes do Estatuto da Criança e do Adolescente (lei 8.069/90).

4.1. O Estatuto da Primeira Infância é uma *lei especial* em relação ao Estatuto da Criança e do Adolescente, uma vez que o *complementa*, tratando apenas de uma parcela específica das crianças (aquelas de até 6 anos).

5. **Alteração de leis**: o estatuto teve importante função também ao modificar o tratamento de diversas normas especiais, como a CLT, o CPP, a lei que regula o Programa Empresa Cidadã (lei 11.770/2008), a lei que trata da Declaração de Nascido Vivo (DNV – lei 12.662/2012) e, especialmente, o ECA.

5.1. Em um *panorama geral*, podemos dividir o Estatuto da seguinte maneira:

| | |
|---|---|
| Princípios e diretrizes | Art. 1º - art. 17 |
| Modificações do ECA | Art. 18 – art. 36 |

| Outras modificações legais | Arts. 37, 38, 41 e 42 |
| Regime tributário | Arts. 39 e 40 |
| Regra transitória (vigência) | Art. 43 |

> **Art. 2º** Para os efeitos desta Lei, **considera-se primeira infância** o período que abrange os **primeiros 6 (seis) anos completos** ou 72 (setenta e dois) meses de vida da criança.

1. **Conceito de primeira infância**: período que envolve os 6 primeiros anos completos da criança. Portanto, vai do nascimento até o dia em que se completam os seis anos de vida (72 meses).

    1.1. Exemplo: uma criança estará no período da primeira infância até o dia em que comemora seu sexto aniversário. No dia seguinte, com seis anos e um dia, já terá saído da primeira infância.

    1.2. Na *medicina*, o conceito de primeira infância não é pacífico, nem coincide com o eleito pelo legislador. Na pediatria[2], por exemplo, se considera lactente até os 2 anos, pré-escolar dos 2 aos 4 anos, escolar dos 5 aos 10, e adolescente dos 11 aos 19.

2. Trata-se, assim, de um ***período específico da vida das crianças***, conforme conceituado no art. 2º do ECA. Temos o seguinte quadro:

| Idade | Qualidade do sujeito de direito (período da vida) | Diploma específico |
| --- | --- | --- |
| Até 6 anos completos | Criança (primeira infância) | Estatuto da Primeira Infância e ECA |
| Até 12 anos incompletos | Criança (infância) | ECA |
| Dos 12 anos completos até os 18 incompletos | Adolescente (adolescência) | ECA |
| Dos 15 até os 29 | Jovem (juventude) | Estatuto da Juventude e ECA (até 18 anos) |

---

2. Dados retirados do calendário puericultura da Sociedade Brasileira de Pediatria (SBP). Disponível em: www.sbp.com.br/pdfs/CalendarioPuericultura_Jan2014.pdf.

**Art. 3º** A **prioridade absoluta** em assegurar os direitos da criança, do adolescente e do jovem, nos termos do art. 227 da Constituição Federal e do art. 4º da Lei nº 8.069, de 13 de julho de 1990, implica o **dever do Estado** de estabelecer políticas, planos, programas e serviços para a primeira infância que atendam às especificidades dessa faixa etária, visando a garantir seu **desenvolvimento integral**.

1. O estatuto estabelece uma **prioridade absoluta** na tutela dos direitos das crianças na primeira infância.

    1.1. O *conceito* de prioridade absoluta não é uma novidade, tendo sido inaugurado pelo art. 227 da *Constituição Federal* e reiterado pelo art. 4º do *ECA*:

    - Art. 227 da CF: "É dever da família, da sociedade e do Estado assegurar à criança, ao adolescente e ao jovem, com *absoluta prioridade*, o direito à vida, à saúde, à alimentação, à educação, ao lazer, à profissionalização, à cultura, à dignidade, ao respeito, à liberdade e à convivência familiar e comunitária, além de colocá-los a salvo de toda forma de negligência, discriminação, exploração, violência, crueldade e opressão".

    - Art. 4º do ECA: "Art. 4º É dever da família, da comunidade, da sociedade em geral e do poder público assegurar, com *absoluta prioridade*, a efetivação dos direitos referentes à vida, à saúde, à alimentação, à educação, ao esporte, ao lazer, à profissionalização, à cultura, à dignidade, ao respeito, à liberdade e à convivência familiar e comunitária. Parágrafo único. A garantia de prioridade compreende: a) primazia de receber proteção e socorro em quaisquer circunstâncias; b) precedência de atendimento nos serviços públicos ou de relevância pública; c) preferência na formulação e na execução das políticas sociais públicas; d) destinação privilegiada de recursos públicos nas áreas relacionadas com a proteção à infância e à juventude".

    1.2. Podemos extrair, portanto, que o *conteúdo* da prioridade absoluta é o seguinte:

| CF (art. 227) | ECA (art. 4º) |
|---|---|
| Vida | |
| Saúde | |
| Alimentação | |

| CF (art. 227) | ECA (art. 4º) |
|---|---|
| Educação ||
| Lazer ||
| Profissionalização ||
| Cultura ||
| Dignidade ||
| Respeito ||
| Liberdade ||
| Convivência familiar ||
| | Esporte |
| | Primazia na proteção e socorro |
| | Atendimento prioritário nos serviços públicos e de relevância pública |
| | Prioridade da formulação e execução de políticas públicas |
| | Destinação de recursos privilegiada |

- Importante: o ECA é mais extenso que a CF ao estabelecer os direitos inerentes à prioridade absoluta, acrescentando o direito ao esporte, bem como a prioridade de socorro, de atendimento, de políticas públicas (formulação, execução e destinação de recursos).
- Pode-se sustentar que o rol constitucional e legal é exemplificativo, englobando outros direitos relacionados ao desenvolvimento integral da criança da primeira infância.

→ **Aplicação em concurso.**

- *Procurador do Município de Paulínia/SP – FGV - 2016*

"Com relação ao conteúdo da garantia da absoluta prioridade da criança e do adolescente, analise as afirmativas a seguir.

I. Precedência de atendimento nos serviços públicos ou de relevância pública.

II. Preferência na formulação e na execução das políticas sociais públicas.

III. Destinação privilegiada de recursos públicos nas áreas relacionadas com a proteção à infância e à juventude.".

*Todas as alternativas estão corretas.*

2. Aos direitos garantidos às crianças opõe-se o **dever estatal** de efetivá-los, através de *políticas, planos, programas* e *serviços* específicos para a primeira infância (isto é, atentos às particularidades dessa faixa etária).

    2.1. O dever estatal é reafirmado em outros pontos de estatuto, como no art. 7º §2º, que trata dos comitês intersetoriais.

    2.2. Alguns conceitos são importantes para melhor compreender o dispositivo:

    - *Política* é um conjunto de decisões, planos, metas e ações governamentais voltados para a solução de problemas ou questões de interesse público;
    - *Plano* é o delineamento de decisões de caráter gral (grandes linhas políticas e suas estratégias);
    - *Programa* é um aprofundamento do plano por setor: os objetivos setoriais do plano serão objetivos gerais do programa;
    - *Serviço público* é uma atividade estatal (prestado pela Administração Pública ou por seus delegados) que visa satisfazer necessidades ou conveniências estatais, oferecendo comodidades aos seus administrados, sob regime jurídico de direito público.

3. O **objetivo** dessa prioridade absoluta e da atuação estatal deve ser o ***desenvolvimento integral*** das crianças na primeira infância, o que engloba seu desenvolvimento *infantil* e também seu *desenvolvimento humano*.

4. A doutrina e a jurisprudência vêm identificando a categoria dos sujeitos **hipervulneráveis** como aquele subgrupo dos vulneráveis em que as pessoas se encontram em situação de especial necessidade.

    4.1. Tal circunstância autoriza o ajuizamento de *ação civil pública* para a tutela de seus direitos, mesmo que apenas beneficie um único sujeito. Isso porque, a rigor, o maior beneficiado é a sociedade (critério *qualitativo* dos beneficiários diretos).

    - Assim, o STJ entendeu quanto às pessoas com deficiência física, mental ou sensorial, por exemplo:

        > "A categoria ético-política, e também jurídica, dos sujeitos vulneráveis inclui um subgrupo de **sujeitos hipervulneráveis**, entre os quais se destacam, por razões óbvias, as pessoas com deficiência física, sensorial ou mental. (...) A tutela dos interesses e direitos dos hipervulneráveis é de

*inafastável e evidente conteúdo social, mesmo quando a Ação Civil Pública, no seu resultado imediato, aparenta amparar uma única pessoa apenas. É que, nesses casos, a ação é pública, não por referência à quantidade dos sujeitos afetados ou beneficiados, em linha direta, pela providência judicial (= critério quantitativo dos beneficiários imediatos), mas em decorrência da própria natureza da relação jurídica-base de inclusão social imperativa. Tal perspectiva, que se apoia no pacto jurídico-político da sociedade, apreendido em sua globalidade e nos bens e valores ético-políticos que o abrigam e o legitimam, realça a necessidade e a indeclinabilidade de proteção jurídica especial a toda uma categoria de indivíduos (=**critério qualitativo dos beneficiários diretos**), acomodando um feixe de obrigações vocalizadas como jus cogens. Ao se proteger o hipervulnerável, a rigor quem verdadeiramente acaba beneficiada é a própria sociedade, porquanto espera o respeito ao pacto coletivo de inclusão social imperativa, que lhe é caro, não por sua faceta patrimonial, mas precisamente por abraçar a dimensão intangível e humanista dos princípios da dignidade da pessoa humana e da solidariedade. Assegurar a inclusão judicial (isto é, reconhecer a legitimação para agir) dessas pessoas hipervulneráveis, inclusive dos sujeitos intermediários a quem incumbe representá-las, corresponde a não deixar nenhuma ao relento da Justiça por falta de porta-voz de seus direitos ofendidos." (STJ. REsp 931.513/RS, Rel. Ministro Carlos Fernando Mathias (juiz federal convocado do trf 1ª região), Rel. p/ Acórdão Ministro Herman Benjamin, primeira seção, julgado em 25/11/2009).*

4.2. A *ratio* pode ser estendida para as crianças, em especial aquelas na primeira infância, já que não possuem condições de tutelarem seus direitos autonomamente, a exemplo do que entendeu o STJ para os idosos (de especial maneira, no âmbito do mercado de consumo, se afigurando como consumidores hipervulneráveis) e os índios:

*"No caso, o direito fundamental tutelado está entre os mais importantes, qual seja, o direito à saúde. Ademais, o grupo de consumidores potencialmente lesado é formado por* **idosos***, cuja condição de vulnerabilidade já é reconhecida na própria Constituição Federal, que dispõe no seu art. 230, sob o Capítulo VII do Título VIII ("Da Família, da Criança, do Adolescente, do Jovem e do Idoso"): "A família, a sociedade e o Estado têm o dever de amparar as pessoas idosas, assegurando sua participação na comunidade, defendendo sua dignidade e bem-estar e garantindo-lhes o direito à vida". 'A expressão 'necessitados' (art. 134, caput, da Constituição), que qualifica, orienta e enobrece a atuação da Defensoria Pública, deve ser entendida, no campo da Ação Civil Pública, em sentido amplo, de modo a incluir, ao lado dos estritamente carentes de*

*recursos financeiros - os miseráveis e pobres -, os **hipervulneráveis** (isto é, os socialmente estigmatizados ou excluídos, as crianças, os idosos, as gerações futuras), enfim todos aqueles que, como indivíduo ou classe, por conta de sua real debilidade perante abusos ou arbítrio dos detentores de poder econômico ou político, 'necessitem' da mão benevolente e solidarista do Estado para sua proteção, mesmo que contra o próprio Estado. Vê-se, então, que a partir da ideia tradicional da instituição forma-se, no Welfare State, um novo e mais abrangente círculo de sujeitos salvaguardados processualmente, isto é, adota-se uma compreensão de minus habentes impregnada de significado social, organizacional e de dignificação da pessoa humana'." (STJ. EREsp 1192577/RS, Rel. Min. Laurita Vaz, corte especial, julgado em 21/10/2015).*

*"O status de **índio** não depende do local em que se vive, já que, a ser diferente, estariam os indígenas ao desamparo, tão logo pusessem os pés fora de sua aldeia ou Reserva. Mostra-se ilegal e ilegítimo, pois, o discrímen utilizado pelos entes públicos na operacionalização do serviço de saúde, ou seja, a distinção entre índios aldeados e outros que vivam foram da Reserva. Na proteção dos vulneráveis e, com maior ênfase, dos **hipervulneráveis**, na qual o legislador não os distingue, descabe ao juiz fazê-lo, exceto se for para ampliar a extensão, o grau e os remédios em favor dos sujeitos especialmente amparados." (STJ. REsp 1064009/SC, Rel. Min. Herman Benjamin, segunda turma, julgado em 04/08/2009).*

**Art. 4º** As **políticas públicas** voltadas ao atendimento dos direitos da criança na primeira infância serão elaboradas e executadas de forma a:

I - atender ao **interesse superior da criança** e à sua condição de **sujeito de direitos e de cidadã**;

II - incluir a **participação da criança** na definição das ações que lhe digam respeito, em conformidade com suas características etárias e de desenvolvimento;

III - respeitar a individualidade e os ritmos de desenvolvimento das crianças e valorizar a **diversidade da infância brasileira**, assim como as diferenças entre as crianças em seus contextos sociais e culturais;

IV - **reduzir as desigualdades** no acesso aos bens e serviços que atendam aos direitos da criança na primeira infância, priorizando o investimento público na promoção da justiça social, da equidade e da inclusão sem discriminação da criança;

V - articular as dimensões ética, humanista e política da **criança cidadã** com as evidências científicas e a prática profissional no atendimento da primeira infância;

VI - adotar **abordagem participativa**, envolvendo a sociedade, por meio de suas organizações representativas, os profissionais, os pais e as crianças, no aprimoramento da qualidade das ações e na garantia da oferta dos serviços;

VII - articular as **ações setoriais** com vistas ao atendimento integral e integrado;

VIII - **descentralizar** as ações entre os entes da Federação;

IX - promover a formação da **cultura de proteção e promoção** da criança, com apoio dos meios de comunicação social.

Parágrafo único. A participação da criança na formulação das políticas e das ações que lhe dizem respeito tem o objetivo de promover sua inclusão social como cidadã e dar-se-á de acordo com a especificidade de sua idade, devendo ser realizada por profissionais qualificados em processos de escuta adequados às diferentes formas de expressão infantil.

1. O art. 4º elenca as **finalidades** das políticas públicas para a primeira infância, que devem influenciar em dois momentos: na *elaboração* e na *execução* dessas ações.

2. Inciso I: traz dois pilares da proteção infantil, que são considerados, pelo art. 100, parágrafo único, do ECA, como ***princípios*** gerais (embora o dispositivo fale apenas na aplicação das medidas), e um terceiro inédito:

    2.1. *Princípio do superior interesse da criança*: a prioridade na atuação envolvendo criança deve ser sempre o seu melhor interesse, ainda que isso contrarie o dos pais ou outros envolvidos.

    - Art. 100, parágrafo único, IV do ECA: "interesse superior da criança e do adolescente: a intervenção deve atender prioritariamente aos interesses e direitos da criança e do adolescente, sem prejuízo da consideração que for devida a outros interesses legítimos no âmbito da pluralidade dos interesses presentes no caso concreto".

    2.2. *Princípio da condição de sujeito de direitos*: com o advento da doutrina da proteção integral, a criança passou a ser vista como sujeito de direitos, e não como objeto de uma tutela. Assim, deve ser ouvida e protegida em todos as ações e processos em que esteja envolvida.

    - Art. 100, parágrafo único, I do ECA: "condição da criança e do adolescente como sujeitos de direitos: crianças e adolescentes são os titulares dos direitos previstos nesta e em outras Leis, bem como na Constituição Federal".

2.3. **Princípio da condição de cidadã**: eis uma novidade do Estatuto da Primeira Infância. Até o momento, atrelava-se a condição de cidadã ao exercício de direitos políticos (o que não se dá antes dos 16 anos, com o direito ao voto), mas, com o estatuto, a criança já é considerada cidadã, mesmo nos seus primeiros anos de vida.

- Decorre dessa noção a ampla participação trazida pelo estatuto, perceptível em outros incisos deste artigo 4º (incisos II e, principalmente, V) e em seu parágrafo único.

3. Inciso II: **direito de participação** na elaboração de ações que envolvam os direitos das crianças. Trata-se de uma consequência dos princípios acima.

3.1. Na prática, pode ser necessária a intermediação dos pais/responsáveis das crianças.

3.2. Parágrafo único: o estatuto, porém, prevê, no parágrafo único, que tal participação se dará, principalmente, por meio de *profissionais qualificados* para a *escuta adequada* das diversas formas de expressão infantil, sempre se dando de acordo com as *especificidades* da idade.

3.3. O *objetivo* dessa participação também está prevista no parágrafo único: é a promoção da sua *inclusão social como cidadã*.

4. Inciso III: **respeito à diversidade da infância**. O estatuto busca respeitar as particularidades das crianças menores de seis anos em quatro aspectos: no primeiro, em relação às demais crianças, mais velhas; no segundo, dentro do próprio grupo dos menores de 6 anos (primeira infância); em terceiro, quanto às especificidades da infância brasileira, em relação à dos demais países; por fim, dentro dos diversos contextos sociais e culturais brasileiros.

| Particularidades da primeira infância: | Tipo de particularidade: |
|---|---|
| Em comparação com as demais crianças (maiores de 6 anos) | Externa (idade) |
| Dentro do próprio grupo da primeira infância | Interna (idade) |
| Da infância brasileira em relação à dos outros países | Externa (país) |
| Dos diversos contextos sociais e culturais dentro da infância brasileira | Interna (país) |

4.1. Por isso, objetiva respeitar a *individualidade* de cada criança e os *ritmos de desenvolvimento*, que sempre podem varias de criança para criança.

4.2. Além disso, valoriza-se a *diversidade da infância brasileira*, em comparação com outras nações e culturas, bem como as diversidades *sociais e culturais* dentro do próprio país.

5. Inciso IV: **redução de desigualdades**. O comando traz duas ideias básicas:

    5.1. Diminuir as desigualdades no *acesso aos bens e serviços* voltados à primeira infância. O objetivo é que o máximo possível de crianças nessa faixa etária tenham acesso aos serviços e políticas elaborados, aumentando sua disponibilidade e facilitando a divulgação.

    5.2. Priorizar o *investimento público* para a *justiça social*, a *equidade* e a *inclusão sem discriminação* da criança.

6. Inciso V: **dimensões da criança cidadã**. O estatuto busca uma articulação de todas as dimensões da criança cidadã, em especial a *ética*, a *humanista* e a *política*, com o desenvolvimento *científico* e *profissional* de atendimento dessas crianças. Desse modo, todo o atuar deve respeitar esses aspectos da infância e empreender a máxima qualidade da ciência dos profissionais.

7. Inciso VI: **abordagem participativa**. A intenção é envolver a sociedade nos esforços para a primeira infância, o que pode se dar por organizações representativas, por profissionais e/ou pelos pais, mas sempre com a participação das crianças.

    7.1. Esse diálogo deverá aprimorar a qualidade das ações e a oferta dos serviços.

8. Inciso VII: **ações setoriais**. Outra ferramenta trazida é o foco em questões setoriais, específicas, como um meio para atingir um *atendimento integral* (que contemple todos os aspectos do desenvolvimento infantil e humano das crianças) e *integrado* (em que todas as iniciativas setoriais dialoguem entre si).

    - O art. 6º institui uma Política Nacional Integrada para a primeira infância, buscando a visão conjunta de todas essas ações setoriais.
    - O art. 7º estimula a criação de comitês intersetoriais, também visando a articulação de todas as ações.

9. Inciso VIII: **descentralização de ações**. Para facilitar o atingimento do máximo de crianças possível, o estatuto estimula iniciativas por parte de

todos os entes da Federação. Assim, União, Estados, Distrito Federal e Municípios estão chamados a um atuar positivo voltado à primeira infância, de maneira coordenada, porém incondicionada.

10. Inciso IX: **cultura de proteção e promoção**. Com o auxílio dos *meios de comunicação*, deverá ser promovida uma cultura geral de proteção da criança e da promoção de seus direitos, de modo a atingir e envolver toda a sociedade.

> **Art. 5º** Constituem **áreas prioritárias** para as políticas públicas para a primeira infância a saúde, a alimentação e a nutrição, a educação infantil, a convivência familiar e comunitária, a assistência social à família da criança, a cultura, o brincar e o lazer, o espaço e o meio ambiente, bem como a proteção contra toda forma de violência e de pressão consumista, a prevenção de acidentes e a adoção de medidas que evitem a exposição precoce à comunicação mercadológica.

1. O artigo 5º esclarece as **áreas prioritárias** para as políticas públicas para a primeira infância. Trata-se de rol bem extenso que busca:

    1.1. Proporcionar as *necessidades básicas* da criança;

    1.2. *Proteger* esses sujeitos de direitos de:
    - Violências (toda forma);
    - Pressões relativas ao consumo (inclusive adotando medidas que evitem a exposição precoce à comunicação do mercado).

    1.3. *Prevenir* acidentes.

2. Perceba que existe grande coincidência entre o conteúdo da prioridade absoluta (art. 3º do estatuto c/c art. 227 da CF e art. 4º ECA) e as áreas prioritárias (art. 5º).

    2.1. As seguintes áreas, porém, são *apenas* áreas prioritárias:

    Nutrição;
    Convivência *comunitária*
    Assistência social à família
    Brincar
    Espaço

> Meio ambiente
> Proteção contra violência e pressão consumerista (inclusive exposição precoce)
> Prevenção de acidentes

- Atenção: a convivência *familiar* está em ambos os halls.

> **Art. 6º** A **Política Nacional Integrada** para a primeira infância será formulada e implementada mediante abordagem e coordenação intersetorial que articule as diversas políticas setoriais a partir de uma visão abrangente de todos os direitos da criança na primeira infância.

1. O estatuto prevê uma **Política Nacional Integrada** para a primeira infância. Isso significa, na linha de vários incisos do art. 4º, que as ações setoriais (art. 4º, VII) devem ser articuladas, atingindo uma *visão abrangente* de todos os direitos das crianças. Para tanto, é prevista uma abordagem e uma *coordenação intersetorial*.

> **Art. 7º** A União, os Estados, o Distrito Federal e os Municípios poderão instituir, nos respectivos âmbitos, **comitê intersetorial** de políticas públicas para a primeira infância com a finalidade de assegurar a *articulação das ações* voltadas à proteção e à promoção dos direitos da criança, garantida a *participação social* por meio dos conselhos de direitos.
>
> § 1º Caberá ao *Poder Executivo* no âmbito da União, dos Estados, do Distrito Federal e dos Municípios indicar o órgão responsável pela coordenação do comitê intersetorial previsto no caput deste artigo.
>
> § 2º O órgão indicado pela União nos termos do § 1º deste artigo manterá permanente articulação com as instâncias de coordenação das ações estaduais, distrital e municipais de atenção à criança na primeira infância, visando à *complementaridade das ações* e ao cumprimento do *dever do Estado* na garantia dos direitos da criança.

1. Outro instrumento de articulação das ações é a instituição, no âmbito de cada ente federativo, de um **comitê intersetorial**, gerando uma visão mais completa das políticas pública.

    1.1. Trata-se, *ex lege*, de uma *faculdade* do ente, já que a lei utiliza o verbo "poderão".

2. Também aqui a ***participação social*** será garantida, concretamente por meio de *conselhos de direitos*.

LEI Nº 13.257, DE 8 DE MARÇO DE 2016 | **Art. 8º**

3. A **competência** para a indicação do órgão coordenador do comitê é do *Poder Executivo* do respectivo ente.

   3.1. O órgão coordenador federal terá um papel de maior protagonismo, pois será responsável pela permanente ***articulação*** com as coordenações dos comitês instituídos em outros entes.

   3.2. As *finalidades* dessa articulação são duas:

   - A complementaridade de ações (tornar a proteção a mais completa possível, com iniciativas que se complementem);
   - O cumprimento do dever estatal de garantia dos direitos.

> **Art. 8º** O *pleno* atendimento dos direitos da criança na primeira infância constitui **objetivo comum de todos os entes** da Federação, segundo as respectivas competências constitucionais e legais, a ser alcançado em *regime de colaboração* entre a União, os Estados, o Distrito Federal e os Municípios.
>
> Parágrafo único. A União buscará a adesão dos Estados, do Distrito Federal e dos Municípios à abordagem multi e intersetorial no atendimento dos direitos da criança na primeira infância e oferecerá assistência técnica na elaboração de planos estaduais, distrital e municipais para a primeira infância que articulem os diferentes setores.

1. É objetivo comum de todos os entes federativos não só o atendimento, mas o **pleno atendimento** dos direitos da criança na primeira infância.

   1.1. Portanto, o dever estatal de efetivá-los não será satisfatoriamente cumprido até que *todos* os direitos e *todas* as crianças gozem de um padrão adequado e digno de vida que as possibilite um desenvolvimento integral completo.

2. Todos os entes devem buscar essa efetivação de direitos, pois é **objetivo comum** da União, dos Estados, do Distrito Federal e dos Municípios. Isso se dará em um *regime de colaboração*.

   2.1. Haverá uma natural espécie de divisão de tarefas, em respeito às *competências* constitucionais e legais.

   2.2. A União, a exemplo do que ocorre nos comitês intersetoriais (art. 7º §1º), ocupa papel de protagonismo, devendo exercer postura proativa:

   - Buscando a adesão dos demais entes;
   - Oferecendo assistência técnica para elaborar os planos de cada ente.

> Art. 9º As políticas para a primeira infância serão articuladas com as **instituições de formação profissional**, visando à adequação dos cursos às características e necessidades das crianças e à formação de profissionais qualificados, para possibilitar a expansão com qualidade dos diversos serviços.

1. O estatuto se preocupa com uma **melhoria da formação profissional**, especialmente daqueles que exerçam atividade ligada às crianças na primeira infância.

   1.1. Isso se dará mediante a *articulação* das políticas para a primeira infância com as instituições de formação profissional, especificamente através de:

   - Adequação dos cursos às características e necessidades das crianças (com adequação da grande curricular, por exemplo);
   - Formação de profissionais qualificados (aspecto esmiuçado no art. 10).

   1.2. O *objetivo* da articulação é possibilitar a **expansão com qualidade** dos serviços, estando o legislador preocupado, assim, não só com a quantidade e a disponibilização (expansão) mas também com a qualidade dos mesmos.

> Art. 10. Os profissionais que atuam nos diferentes ambientes de execução das políticas e programas destinados à criança na primeira infância terão **acesso garantido e prioritário à qualificação**, sob a forma de especialização e atualização, em programas que contemplem, entre outros temas, a especificidade da primeira infância, a estratégia da intersetorialidade na promoção do desenvolvimento integral e a prevenção e a proteção contra toda forma de violência contra a criança.

1. Prosseguindo na preocupação com a melhora dos profissionais, o estatuto *garante* **acesso prioritário à qualificação**.

   1.1. Trata-se, curiosamente, da garantia de um direito, dentro do Estatuto da Primeira Infância, para sujeitos que não se encontram nesse período de vida – sempre com os olhos voltados às melhorias indiretas que gerará para as crianças, constituindo uma espécie de *direito indireto* das crianças na primeira infância.

   1.2. A referida qualificação se dará de duas formas:
   - Especialização;

- Atualização (ou seja, mesmo profissionais especialistas poderão/deverão se atualizar a respeito dos temas relevantes para a primeira infância).

1.3. Tais programas de qualificação deverão contemplar, ao menos, os seguintes temas:

- Especificidade da primeira infância;
- Estratégia da intersetorialidade;
- Prevenção e proteção contra toda forma de violência.

> **Art. 11.** As políticas públicas terão, necessariamente, **componentes de monitoramento** e coleta sistemática de dados, avaliação periódica dos elementos que constituem a oferta dos serviços à criança e divulgação dos seus resultados.
>
> § 1º A União manterá *instrumento individual de registro unificado* de dados do crescimento e desenvolvimento da criança, assim como sistema informatizado, que inclua as redes pública e privada de saúde, para atendimento ao disposto neste artigo.
>
> § 2º A União *informará à sociedade* a soma dos recursos aplicados anualmente no conjunto dos programas e serviços para a primeira infância e o percentual que os valores representam em relação ao respectivo orçamento realizado, bem como colherá informações sobre os valores aplicados pelos demais entes da Federação.

1. O estatuto contemplou, além do planejamento e da execução das políticas públicas, seu **monitoramento**. Essa medida de exame e avaliação deverá ter caráter sistemático, permitindo a evolução dessas políticas.

    1.1. São instrumentos *obrigatórios* das políticas públicas:

    - Monitoramento de dados;
    - Coleta sistemática de dados;
    - Avaliação periódica da oferta dos serviços;
    - Divulgação dos resultados.

2. A União, mais uma vez, deverá atuar com protagonismo, formulando um **instrumento individual de registro unificado** dos *dados da criança* (crescimento e desenvolvimento). Ou seja, cada criança deverá constar em um banco de dados.

    2.1. Tal banco de dados deverá ser *informatizado* e envolver as redes *pública* e *privada* de saúde.

2.2. Imagina-se, assim, que os médicos e demais profissionais interessados possam ter acesso a esse sistema, sempre voltados ao melhor atendimento da criança.

3. A União deve, por fim, **informar a sociedade** sobre *aspectos financeiros* (o total do valor investido nessas políticas, programas e serviços e o percentual que esse montante representa do orçamento do ente).

3.1. Além disso, cabe ao Executivo federal a colheita e tais valores quanto aos outros entes federativos (Estados, Distrito Federal e Municípios).

> **Art. 12.** A **sociedade participa solidariamente** com a família e o Estado da proteção e da promoção da criança na primeira infância, nos termos do caput e do § 7º do art. 227, combinado com o inciso II do art. 204 da Constituição Federal, entre outras formas:
>
> I - formulando políticas e controlando ações, por meio de **organizações representativas**;
>
> II - integrando **conselhos**, de forma paritária com representantes governamentais, com funções de planejamento, acompanhamento, controle social e avaliação;
>
> III - executando ações **diretamente ou em parceria** com o poder público;
>
> IV - desenvolvendo programas, projetos e ações compreendidos no conceito de **responsabilidade social** e de **investimento social privado**;
>
> V - criando, apoiando e participando de **redes de proteção e cuidado** à criança nas comunidades;
>
> VI - promovendo ou participando de **campanhas** e ações que visem a aprofundar a consciência social sobre o significado da primeira infância no desenvolvimento do ser humano.

1. O estatuto, após apresentar as obrigações do Poder Público e seu meio de atuar, traz a **participação solidária da sociedade e da família**, esmiuçando neste artigo as formas de atuar da sociedade.

1.1. Existe um verdadeiro tripé de responsáveis pelas crianças, preestabelecido na Constituição Federal e no ECA: família, sociedade e Estado.

- Art. 227 caput da CF: "Art. 227. É dever da família, da sociedade e do Estado assegurar à criança, ao adolescente e ao jovem, com absoluta prioridade, o direito à vida, à saúde, à alimentação, à educação, ao lazer, à profissionalização, à cultura, à dignidade, ao respeito, à liberdade e à convivência familiar e comunitária, além de colocá-los a salvo de toda forma de negligência, discriminação, exploração, violência, crueldade e opressão.".

- Art. 227 §7º da CF: "§ 7º No atendimento dos direitos da criança e do adolescente levar-se- á em consideração o disposto no art. 204.".
- Art. 204, II, da CF: "Art. 204. As ações governamentais na área da assistência social serão realizadas com recursos do orçamento da seguridade social, previstos no art. 195, além de outras fontes, e organizadas com base nas seguintes diretrizes: II - participação da população, por meio de organizações representativas, na formulação das políticas e no controle das ações em todos os níveis.".
- Art. 4º do ECA: "Art. 4º É dever da família, da comunidade, da sociedade em geral e do poder público assegurar, com absoluta prioridade, a efetivação dos direitos referentes à vida, à saúde, à alimentação, à educação, ao esporte, ao lazer, à profissionalização, à cultura, à dignidade, ao respeito, à liberdade e à convivência familiar e comunitária.".

1.2. As remissões feitas pelo legislador inserem as políticas do estatuto dentro da área da assistência social, especialmente o art. 204 da Constituição.

1.3. O emprego do termo "*solidária*" normalmente remete ao sistema de responsabilidade civil, que é um dever secundário oriundo do descumprimento de um dever primário, verificando-se quando existe *responsabilidade recíproca*. Pode-se fazer essa analogia para exigir uma atuação proativa e protetora por parte da sociedade, mas, principalmente, da família, que pode atuar proximamente à criança, não podendo se revelar negligente.

- Cabe a remissão aos artigos do Código Civil referentes ao poder familiar, especialmente os relativos à suspensão e extinção (arts. 1.635 a 1.638).

1.4. Por outro lado, é provável que o legislador tenha utilizado o termo "solidária" para expressar um senso de fraternidade e de *interesse comum*, com uma união de esforços para proteger as crianças na primeira infância.

2. São **formas** de participação as elencadas nos incisos.

   2.1. Inciso I: ***organizações representativas*** são aquelas em que se representa parcela da sociedade. Para os fins do estatuto, devem formular políticas e controlar as ações delas decorrentes.

2.2. Inciso II: a sociedade deve integrar **conselhos** de forma paritária (equivalente) com representantes governamentais, de modo a exprimir os anseios sociais e melhor delinear, acompanhar e avaliar as políticas.

2.3. Inciso III: execução de *ações diretas* (atuação apenas da sociedade) ou *em parceria com poder público*.

2.4. Inciso IV: participação com **responsabilidade social**, inclusive por meio de *investimentos privados*.

2.5. Inciso V: criando e participando de **redes de proteção** e cuidado das crianças, nas comunidades, onde se pode acompanhar com maior proximidade as suas realidades.

- O art. 13 do estatuto prevê o dever de apoio a essa forma de participação por parte dos entes políticos.

2.6. Inciso VI: por meio de **campanhas de conscientização** sociais sobre o que significa a primeira infância e sua relevância na formação da pessoa.

> **Art. 13.** A União, os Estados, o Distrito Federal e os Municípios **apoiarão a participação** das famílias em redes de proteção e cuidado da criança em seus contextos sociofamiliar e comunitário visando, entre outros objetivos, à formação e ao fortalecimento dos vínculos familiares e comunitários, com prioridade aos contextos que apresentem riscos ao desenvolvimento da criança.

1. Inicia, aqui, o tratamento da participação das famílias no estatuto, que prevê que os entes federativos deverão apoiar a participação das **famílias** nas redes de proteção e cuidado mencionadas no art. 12, inciso V.

2. Os *objetivos* dessa participação são o fortalecimento dos vínculos familiares e comunitários, entre outros.

3. Deverá haver *prioridade* para os contextos que apresentem risco ao desenvolvimento das crianças.

> **Art. 14.** As políticas e programas governamentais de **apoio às famílias**, incluindo as visitas domiciliares e os programas de promoção da paternidade e maternidade responsáveis, buscarão a articulação das áreas de saúde, nutrição, educação, assistência social, cultura, trabalho, habitação, meio ambiente e direitos humanos, entre outras, com vistas ao desenvolvimento integral da criança.

LEI Nº 13.257, DE 8 DE MARÇO DE 2016 **Art. 14**

§ 1º Os programas que se destinam ao fortalecimento da família no exercício de sua função de cuidado e educação de seus filhos na primeira infância promoverão atividades centradas na criança, focadas na família e baseadas na comunidade.

§ 2º As famílias identificadas nas redes de saúde, educação e assistência social e nos órgãos do Sistema de Garantia dos Direitos da Criança e do Adolescente que se encontrem em *situação de vulnerabilidade e de risco* ou com *direitos violados* para exercer seu papel protetivo de cuidado e educação da criança na primeira infância, bem como as que têm *crianças com indicadores de risco ou deficiência*, terão **prioridade** nas políticas sociais públicas.

§ 3º As **gestantes** e as famílias com crianças na primeira infância deverão receber orientação e formação sobre maternidade e paternidade responsáveis, aleitamento materno, alimentação complementar saudável, crescimento e desenvolvimento infantil integral, prevenção de acidentes e educação sem uso de castigos físicos, nos termos da Lei nº 13.010, de 26 de junho de 2014, com o intuito de favorecer a formação e a consolidação de vínculos afetivos e estimular o desenvolvimento integral na primeira infância.

§ 4º A oferta de programas e de ações de visita domiciliar e de outras modalidades que estimulem o desenvolvimento integral na primeira infância será considerada estratégia de atuação sempre que respaldada pelas políticas públicas sociais e avaliada pela **equipe profissional responsável**.

§ 5º Os programas de visita domiciliar voltados ao cuidado e educação na primeira infância deverão contar com profissionais qualificados, apoiados por medidas que assegurem sua permanência e formação continuada.

1. Após falar da participação das famílias (art. 13), o estatuto trata das **obrigações estatais** (políticas e programas) **de apoio à família**.

    1.1. O *caput* do dispositivo elenca um rol de medidas para tanto:

    - Visita domiciliar;
    - Programas de promoção de paternidade e maternidade responsáveis;
    - Articulação com outras áreas fundamentais (saúde, nutrição, educação, assistência social, cultura, trabalho, habitação, meio ambiente, direitos humanos, entre outras).

    1.2. Será necessária uma *equipe profissional responsável* pelos programas e ações ofertados (§4º).

    1.3. A *finalidade* é, como sempre, o desenvolvimento integral da criança.

1.4. Por isso, o *centro* desses programas governamentais será sempre a criança, focando na família e na comunidade (tríade criança/família/comunidade).

2. Existirá **prioridade** nas políticas públicas em cinco casos:

   2.1. Famílias:
   - em situação de vulnerabilidade;
   - em situação de risco;
   - com direitos violados;

   2.2. Crianças:
   - com indicadores de risco;
   - com deficiência.

3. É prevista **orientação** e formação para as *gestantes* e para as *famílias com crianças na primeira infância*.

   3.1. A formação se dará a respeito de:
   - Maternidade e paternidade responsáveis;
   - Aleitamento materno;
   - Alimentação complementar saudável;
   - Crescimento e desenvolvimento infantil integral;
   - Prevenção de acidentes;
   - Educação sem castigos físicos;

   3.2. Existe menção, nesse último ponto, à lei nº 13.010/14, que inseriu os artigos 18-A, 18-B e 70-A no ECA, para esclarecer o direito da criança e do adolescente a serem educados sem castigo físico ou tratamento cruel ou degradante. Por essa razão, ficou conhecida como "Lei da Palmada" ou "Lei Menino Bernardo". Seguem os artigos novos, para melhor compreensão:
   - Art. 18-A do ECA: "Art. 18-A. A criança e o adolescente têm o direito de ser educados e cuidados sem o uso de castigo físico ou de tratamento cruel ou degradante, como formas de correção, disciplina, educação ou qualquer outro pretexto, pelos pais, pelos integrantes da família ampliada, pelos responsáveis, pelos agentes públicos executores de medidas socioeducativas ou por qualquer pessoa encarregada de cuidar

deles, tratá-los, educá-los ou protegê-los. Parágrafo único. Para os fins desta Lei, considera-se: I - castigo físico: ação de natureza disciplinar ou punitiva aplicada com o uso da força física sobre a criança ou o adolescente que resulte em: a) sofrimento físico; ou b) lesão; II - tratamento cruel ou degradante: conduta ou forma cruel de tratamento em relação à criança ou ao adolescente que: a) humilhe; ou b) ameace gravemente; ou c) ridicularize.".

- Art. 18-B do ECA: "Art. 18-B. Os pais, os integrantes da família ampliada, os responsáveis, os agentes públicos executores de medidas socioeducativas ou qualquer pessoa encarregada de cuidar de crianças e de adolescentes, tratá-los, educá-los ou protegê-los que utilizarem castigo físico ou tratamento cruel ou degradante como formas de correção, disciplina, educação ou qualquer outro pretexto estarão sujeitos, sem prejuízo de outras sanções cabíveis, às seguintes medidas, que serão aplicadas de acordo com a gravidade do caso: I - encaminhamento a programa oficial ou comunitário de proteção à família; II - encaminhamento a tratamento psicológico ou psiquiátrico; III - encaminhamento a cursos ou programas de orientação; IV - obrigação de encaminhar a criança a tratamento especializado; V - advertência. Parágrafo único. As medidas previstas neste artigo serão aplicadas pelo Conselho Tutelar, sem prejuízo de outras providências legais.".

- Art. 70-A do ECA: "Art. 70-A. A União, os Estados, o Distrito Federal e os Municípios deverão atuar de forma articulada na elaboração de políticas públicas e na execução de ações destinadas a coibir o uso de castigo físico ou de tratamento cruel ou degradante e difundir formas não violentas de educação de crianças e de adolescentes, tendo como principais ações: I - a promoção de campanhas educativas permanentes para a divulgação do direito da criança e do adolescente de serem educados e cuidados sem o uso de castigo físico ou de tratamento cruel ou degradante e dos instrumentos de proteção aos direitos humanos; II - a integração com os órgãos do Poder Judiciário, do Ministério Público e da Defensoria Pública, com o Conselho Tutelar, com os Conselhos de Direitos da Criança e do Adolescente e com as entidades não governamentais que atuam na promoção, proteção e defesa dos direitos da criança e do adolescente; III - a formação continuada e a capacitação dos profissionais de saúde, educação e assistência social e dos demais agentes que atuam na promoção, proteção e defesa dos direitos da criança e do adolescente para o desenvolvimento das competências necessárias à prevenção, à identificação de evidências, ao diagnóstico e ao enfrentamento de todas as formas de violência contra a criança e o adolescente; IV - o apoio e o incentivo às práticas de resolução pacífica de conflitos que envolvam violência contra a criança e o adolescente; V - a inclusão, nas políticas públicas, de ações que visem a garantir os direitos da criança e do adolescente, desde a atenção pré-natal, e de atividades junto aos pais e responsáveis com o objetivo de promover a informação, a reflexão, o debate e a orientação sobre alternativas ao uso de castigo físico ou de tratamento cruel ou degradante no processo educativo; VI - a promoção de espaços intersetoriais locais para a articulação de ações e a elaboração de planos de atuação conjunta focados nas famílias em situação de violência, com participação de profissionais de saúde, de assistência social e de educação e de órgãos de promoção, proteção e defesa dos direitos da criança e do adolescente. Parágrafo único. As famílias com crianças e adolescentes com deficiência terão prioridade de atendimento nas ações e políticas públicas de prevenção e proteção.".

3.3. O *objetivo* da formação será favorecer a formação e o desenvolvimento integral da criança, bem como consolidar os vínculos afetivos.

4. Há necessidade de uma **equipe profissional** para a oferta dos programas e ações, sendo certo que tais profissionais devem ser permanentes e continuamente formados.

> **Art. 15.** As políticas públicas criarão condições e meios para que, desde a primeira infância, a criança tenha acesso à produção cultural e seja reconhecida como **produtora de cultura**.

1. Uma das finalidades das políticas públicas é envolver a criança na **produção cultural**, como parte fundamental de seu desenvolvimento integral.

   1.1. Para tanto, a criança pode ocupar dois papéis:
   - Papel passivo: ter acesso à produção cultural existente;
   - Papel ativo: criança como produtora de cultura.

> **Art. 16.** A **expansão da educação infantil** deverá ser feita de maneira a assegurar a **qualidade** da oferta, com instalações e equipamentos que obedeçam a padrões de infraestrutura estabelecidos pelo Ministério da

Educação, com profissionais qualificados conforme dispõe a Lei nº 9.394, de 20 de dezembro de 1996 (Lei de Diretrizes e Bases da Educação Nacional), e com currículo e materiais pedagógicos adequados à proposta pedagógica.

Parágrafo único. A expansão da educação infantil das crianças de *0 (zero) a 3 (três) anos de idade*, no cumprimento da meta do Plano Nacional de Educação, atenderá aos critérios definidos no território nacional pelo competente sistema de ensino, em articulação com as demais políticas sociais.

1. Sobre a educação infantil, o estatuto esclarece sua preocupação com a **qualidade da expansão**, com:

    1.1. Instalações e equipamentos nos padrões estabelecidos pelo MEC;

    1.2. Profissionais qualificados na forma da Lei de Diretrizes e Bases da Educação Nacional;

    1.3. Currículo e materiais pedagógicos adequados.

2. Na forma da Lei de Diretrizes e Bases da Educação Nacional, entende-se por **educação infantil** a primeira etapa da educação básica, com desenvolvimento integral da criança de até 5 anos.

    2.1. Nos primeiros 3 anos, a educação infantil é oferecido em *creches*. O parágrafo único do artigo em análise volta-se para essa faixa etária, estabelecendo sua expansão conforme os critérios definidos pelo sistema de ensino competente e em articulação com outras políticas sociais.

    2.2. Dos 4 aos 5 anos, a criança deve estudar em pré-escola.

    - Art. 29 da lei 9.394/96: "Art. 29. A educação infantil, primeira etapa da educação básica, tem como finalidade o desenvolvimento integral da criança de até 5 (cinco) anos, em seus aspectos físico, psicológico, intelectual e social, complementando a ação da família e da comunidade.".

    - Art. 30 da lei 9.394/96: "Art. 30. A educação infantil será oferecida em: I - creches, ou entidades equivalentes, para crianças de até três anos de idade; II - pré-escolas, para as crianças de 4 (quatro) a 5 (cinco) anos de idade.".

    2.3. Em 2016 (**Lei nº 13.306**), o ECA (artigos 54, IV e 208, III) foi, inclusive, alterado, para se compatibilizar com a Lei de Diretrizes e Bases da Educação Nacional (artigos 4º, 29, 30) e com a Constituição Federal (artigos

7º, XXV, e 208, IV), estabelecendo o *direito à creche* de 0 a 5 anos (antes, falava em até 6 anos).

- A partir dos 6 anos, a criança continua tendo direito à educação, com o ensino fundamental (artigo 32 da LDB).
- A educação básica é de competência do **Município**, na forma do artigo 211 §2º da CF e do artigo 11, V da LDB.
- O STF possui várias decisões reconhecendo tratar-se de **prerrogativa constitucional indisponível** o ensino infantil:

> *"A educação infantil representa **prerrogativa constitucional indisponível**, que, deferida às crianças, a estas assegura, para efeito de seu desenvolvimento integral, e como primeira etapa do processo de educação básica, o atendimento em creche e, também, o acesso à pré-escola (CF, art. 208, IV). – Essa prerrogativa jurídica, em consequência, impõe, ao Estado, por efeito da **alta significação social** de que se reveste a educação infantil, a obrigação constitucional de criar condições objetivas que possibilitem, de maneira concreta, em favor das "crianças até 5 (cinco) anos de idade" (CF, art. 208, IV), o efetivo acesso e atendimento em creches e unidades de pré-escola, sob pena de configurar-se **inaceitável omissão governamental**, apta a frustrar, injustamente, por inércia, o integral adimplemento, pelo Poder Público, de prestação estatal que lhe impôs o próprio texto da Constituição Federal. – A educação infantil, por qualificar-se como direito fundamental de toda criança, não se expõe, em seu processo de concretização, a avaliações meramente discricionárias da Administração Pública, nem se subordina a razões de puro pragmatismo governamental. – **Os Municípios** – que atuarão, prioritariamente, no ensino fundamental e na educação infantil (CF, art. 211, § 2º) – **não poderão demitir-se do mandato constitucional, juridicamente vinculante**, que lhes foi outorgado pelo art. 208, IV, da Lei Fundamental da República, e que representa fator de limitação da discricionariedade político-administrativa dos entes municipais, cujas opções, tratando-se do atendimento das crianças em creche (CF, art. 208, IV), não podem ser exercidas de modo a comprometer, com apoio em juízo de simples conveniência ou de mera oportunidade, a eficácia desse direito básico de índole social. – Embora inquestionável que resida, primariamente, nos Poderes Legislativo e Executivo, a prerrogativa de formular e de executar políticas públicas, revela-se possível, no entanto, ao Poder Judiciário, ainda que em bases excepcionais, determinar, especialmente nas hipóteses de políticas públicas definidas pela própria Constituição, sejam estas implementadas, sempre que os órgãos estatais competentes, por descumprirem os encargos político-jurídicos que sobre eles incidem em*

LEI Nº 13.257, DE 8 DE MARÇO DE 2016 | **Art. 18**

> *caráter impositivo, vierem a comprometer, com a sua omissão, a eficácia e a integridade de direitos sociais e culturais impregnados de estatura constitucional. A questão pertinente à 'reserva do possível'." (STF. RE 956475/RJ. Rel. Min. Celso de Mello, julgado em 12/05/2016).*

> **Art. 17.** A União, os Estados, o Distrito Federal e os Municípios deverão organizar e estimular a criação de **espaços lúdicos** que propiciem o bem-estar, o brincar e o exercício da criatividade em locais públicos e privados onde haja circulação de crianças, bem como a fruição de **ambientes livres e seguros** em suas comunidades.

1. Por fim, existe a previsão específica do *dever estatal* de todos os entes federados quanto ao **lazer** das crianças.

    1.1. O primeiro ponto é a criação de **espaços lúdicos**, apropriados a brincadeiras, tanto em locais públicos como privados por onde passem crianças.

    1.2. Além disso, devem ser promovidos **ambientes seguros** e, portanto, *livres* no âmbito das próprias comunidades onde vivem.

> **Art. 18.** O art. 3º da Lei nº 8.069, de 13 de julho de 1990 (Estatuto da Criança e do Adolescente), passa a vigorar acrescido do seguinte parágrafo único:
> 
> "Art. 3º Parágrafo único. Os direitos enunciados nesta Lei aplicam-se a todas as crianças e adolescentes, **sem discriminação** de nascimento, situação familiar, idade, sexo, raça, etnia ou cor, religião ou crença, deficiência, condição pessoal de desenvolvimento e aprendizagem, condição econômica, ambiente social, região e local de moradia ou outra condição que diferencie as pessoas, as famílias ou a comunidade em que vivem."

1. Do art. 18 ao 36, encontramos as **modificações no ECA** promovidos pelo estatuto.

2. Foi acrescido um parágrafo único no art. 3º, incluindo uma verdadeira *cláusula geral de discriminação*. As mais diversas condições são elencadas, sendo certo que nenhuma delas autoriza qualquer restrição aos *direitos* previstos na referida lei.

    2.1. Contudo, é possível invocar essa previsão também para as normas do Estatuto da Primeira Infância, já que:

    - As crianças na primeira infância são, obviamente, crianças;

- O objeto das duas leis é semelhante;
- O direito à igualdade é previsto, antes de tudo, na Constituição Federal (art. 5º, *caput*).

**Art. 19.** O art. 8º da Lei nº 8.069, de 13 de julho de 1990, passa a vigorar com a seguinte redação:

"Art. 8º É assegurado a todas as mulheres o acesso aos programas e às políticas de saúde da mulher e de **planejamento reprodutivo** e, às gestantes, nutrição adequada, atenção humanizada à **gravidez**, ao parto e ao puerpério e atendimento pré-natal, perinatal e pós-natal integral no âmbito do Sistema Único de Saúde.

§ 1º O atendimento pré-natal será realizado por *profissionais da atenção primária*.

§ 2º Os profissionais de saúde de referência da gestante garantirão sua vinculação, no último trimestre da gestação, ao estabelecimento em que será realizado o parto, garantido o direito de opção da mulher.

§ 3º Os serviços de saúde onde o parto for realizado assegurarão às mulheres e aos seus filhos recém-nascidos alta hospitalar responsável e contrarreferência na atenção primária, bem como o acesso a outros serviços e a grupos de apoio à amamentação.

(...)

§ 5º A assistência referida no § 4º deste artigo deverá ser prestada também a gestantes e mães que manifestem interesse em entregar seus filhos para adoção, bem como a gestantes e mães que se encontrem em situação de privação de liberdade.

§ 6º A gestante e a parturiente têm direito a 1 (um) acompanhante de sua preferência durante o período do pré-natal, do trabalho de parto e do pós-parto imediato.

§ 7º A gestante deverá receber orientação sobre aleitamento materno, alimentação complementar saudável e crescimento e desenvolvimento infantil, bem como sobre formas de favorecer a criação de vínculos afetivos e de estimular o desenvolvimento integral da criança.

§ 8º A gestante tem direito a acompanhamento saudável durante toda a gestação e a parto natural cuidadoso, estabelecendo-se a aplicação de cesariana e outras intervenções cirúrgicas por motivos médicos.

§ 9º A atenção primária à saúde fará a busca ativa da gestante que não iniciar ou que abandonar as consultas de pré-natal, bem como da puérpera que não comparecer às consultas pós-parto.

§ 10. Incumbe ao poder público garantir, à gestante e à mulher com filho na primeira infância que se encontrem sob custódia em unidade de privação de liberdade, ambiência que atenda às normas sanitárias e assistenciais do Sistema Único de Saúde para o acolhimento do filho, em articulação com o sistema de ensino competente, visando ao desenvolvimento integral da criança."

1. O estatuto insere no ECA tratamento bem mais completo quanto aos **direitos reprodutivos** e os da **gestante**.

    1.1. A redação originária apenas mencionava o atendimento pré e perinatal, no SUS.

    1.2. A nova redação envolve:

    - Políticas de saúde da mulher;
    - Planejamento reprodutivo;
    - Para as gestantes, além do pré e perinatal, *pós-natal* integral, *nutrição adequada, atenção humanizada* à gravidez, ao parto e ao puerpério.

2. São garantias da mulher gestante, com os olhos voltados ao superior interesse da criança, inaugurados pelo estatuto:

    2.1. **§1º**: O atendimento por ***profissionais da atenção primária***.

    2.2. **§2º**: A ***garantia*** da vinculação, nos últimos três meses da gestação, dos profissionais de saúde que a gestante prefira (a escolha será sua – a lei fala em **direito de opção** *da mulher*) ao estabelecimento em que será realizado o parto. Ou seja, os médicos, enfermeiros e afins deverão, nesse derradeiro período de gestação, estar ligados e disponíveis já no local em que se realizará o parto.

    2.3. **§3º**: No local do parto, será assegurado à mulher e ao filho (o direito é seu também):

    - ***Alta hospitalar responsável***;
    - *Contrarreferência* na atenção primária;
    - Acesso a grupos de *apoio à amamentação*;
    - Outros serviços.

    2.4. **§5º**: ***Atendimento psicológico*** a gestantes e mães em situação de *privação de liberdade*. Importante: o atendimento psicológico às mães que pretendem entregar seus filhos para adoção já vinha previsto no ECA desde 2009, não sendo uma inovação do Estatuto da Primeira Infância.

2.5. **§6º**: ***Direito a um acompanhante*** para as gestantes e as mães parturientes, nos seguintes períodos:

- Pré-natal;
- Trabalho de parto;
- Pós-parto imediato.

→ **Aplicação em concurso.**

> • *Defensor Público/ES – FCC - 2016*
> "Em março de 2016, o texto do Estatuto da Criança e do Adolescente sofreu modificações destinadas a incorporar ou reforçar regras voltadas à proteção da primeira infância, entre as quais podemos citar: b) Direito da parturiente, junto ao Sistema Único de Saúde, de contar com um acompanhante de sua preferência no pré-natal, e o pós-parto e dois acompanhantes durante o trabalho de parto".
> *A alternativa está errada, já que a lei prevê o direito a apenas um acompanhante, mesmo durante o trabalho de parto.*

2.6. **§7º**: ***Fornecimento de orientações*** para as gestantes sobre os seguintes assuntos:

- Aleitamento materno;
- Alimentação complementar saudável;
- Crescimento e desenvolvimento infantil;
- Formas de favorecer a criação de vínculos afetivos;
- Formas de estimular o desenvolvimento integral da criança.

2.7. **§8º**: *direito ao acompanhamento saudável* e ao **parto natural** *cuidadoso*, ou seja, devendo ser respeitada a prioridade da mãe quanto ao parto natural, sendo possível o recurso a cirurgias (cesariana e outras) *apenas por motivos médicos*. Com isso, quer-se evitar que interesses outros (tempo, disponibilidade dos médicos, remuneração) se sobreponham à vontade da mãe.

2.8. **§9º**: passa a estar prevista uma **busca ativa** *da gestante* (que não iniciar ou não perseverar no pré-natal) e *da puérpera* (que não comparecer ao pós-parto), ao encargo da atenção primária à saúde.

LEI Nº 13.257, DE 8 DE MARÇO DE 2016 **Art. 20**

2.9. **§10**: direito da gestante e da mulher com filho em primeira infância **com privação de liberdade** (ou sob custódia) a um ambiente que respeite *normas sanitárias e assistenciais* do SUS para acolhimento do filho, bem como *sistema de ensino* competente.

→ **Aplicação em concurso.**

- *Procurador Municipal de Porto Alegre – FUNDATEC - 2016*
"De acordo com a Lei nº 8.069/90 – Estatuto da Criança e do adolescente, em relação ao Direito à Vida e à Saúde, analise as assertivas abaixo:
I. Incumbe ao poder público garantir à gestante e à mulher com filho, na primeira infância, que se encontrem sob custódia em unidade de privação de liberdade, ambiência que atenda às normas sanitárias e assistenciais do Sistema Único de Saúde para o acolhimento do filho, em articulação com o sistema de ensino competente, visando ao desenvolvimento integral da criança.
II. É assegurado às mulheres que demonstrarem hipossuficiência econômica o acesso aos programas e às políticas de saúde da mulher e de planejamento reprodutivo e, às gestantes, nutrição adequada, atenção humanizada à gravidez, ao parto e ao puerpério e atendimento pré- natal, perinatal e pós-natal integral no âmbito do Sistema Único de Saúde.
III. Incumbe ao poder público proporcionar assistência psicológica à gestante, somente no período pré-natal, inclusive como forma de prevenir ou minorar as consequências do estado puerperal.
Quais estão corretas?".
*Está correta apenas a alternativa I, já que a II traz uma restrição não prevista em lei (hipossuficiência econômica, enquanto o art. 8º caput fala em "todas as mulheres") e a III restringe a assistência psicológica ao período pré-natal.*

3. Observação: o atendimento psicológico à gestante/mãe já vinha previsto no ECA desde 2009, não sendo uma novidade do Estatuto da Primeira Infância, no §4º do art. 8º.

- Art. 8º §4º do ECA: "§ 4º Incumbe ao poder público proporcionar assistência psicológica à gestante e à mãe, no período pré e pós-natal, inclusive como forma de prevenir ou minorar as consequências do estado puerperal. (Incluído pela Lei nº 12.010, de 2009)".

**Art. 20.** O art. 9º da Lei nº 8.069, de 13 de julho de 1990, passa a vigorar acrescido dos seguintes §§ 1º e 2º:

"Art. 9º § 1º Os profissionais das unidades primárias de saúde desenvolverão ações sistemáticas, individuais ou coletivas, visando ao planejamento, à implementação e à avaliação de ações de promoção, proteção e apoio ao **aleitamento materno e à alimentação complementar** saudável, de forma contínua.

§ 2º Os serviços de unidades de terapia intensiva neonatal deverão dispor de *banco de leite humano ou unidade de coleta* de leite humano."

1. Cria-se a responsabilidade dos profissionais das unidades primárias de saúde (que tratam das crianças em primeira infância) de planejar, implementar e avaliar ações que promovam e apoiem o **aleitamento materno** e a **alimentação complementar saudável**, de maneira ininterrupta.

2. Como consequência prática desse cuidado, as *unidades de terapia intensiva neonatal* (para recém-nascidos) devem possuir **banco** ou **unidade de coleta** de leite humano, de modo a garantir que não falte jamais o alimento ideal para essas crianças em estado de saúde delicado.

> **Art. 21.** O art. 11 da Lei nº 8.069, de 13 de julho de 1990, passa a vigorar com a seguinte redação:
>
> "Art. 11. É assegurado acesso integral às linhas de cuidado voltadas à saúde da criança e do adolescente, por intermédio do Sistema Único de Saúde, observado o **princípio da equidade no acesso** a ações e serviços para promoção, proteção e recuperação da saúde.
>
> § 1º A criança e o adolescente *com deficiência* serão atendidos, sem discriminação ou segregação, em suas necessidades gerais de saúde e específicas de habilitação e reabilitação.
>
> § 2º *Incumbe ao poder público fornecer gratuitamente*, àqueles que necessitarem, medicamentos, órteses, próteses e outras tecnologias assistivas relativas ao tratamento, habilitação ou reabilitação para crianças e adolescentes, de acordo com as linhas de cuidado voltadas às suas necessidades específicas.
>
> § 3º Os profissionais que atuam no cuidado diário ou frequente de crianças na primeira infância receberão *formação específica e permanente* para a detecção de sinais de risco para o desenvolvimento psíquico, bem como para o acompanhamento que se fizer necessário."

1. Passa a constar no ECA o **princípio da equidade no acesso** a ações e serviços de saúde da criança e do adolescente.

    1.1. Assegura-se, ainda, o ***acesso integral*** aos tratamentos necessários, e não só o atendimento integral, como constava na redação anterior.

Também é nova a menção às *linhas de cuidado* da saúde, termo inédito e mais abrangente.

1.2. Fica bastante evidente, assim, a concretização do direito à saúde estabelecido na Constituição Federal, especialmente nos artigos 6º (como direito social) e 196 (que prevê, inclusive, o acesso universal e igualitário, a exemplo do dispositivo em comento).

- Art. 6º da CF: "Art. 6º São *direitos sociais* a educação, a saúde, a alimentação, o trabalho, a moradia, o transporte, o lazer, a segurança, a previdência social, a proteção à maternidade e à infância, a assistência aos desamparados, na forma desta Constituição.".
- Art. 196 da CF: "Art. 196. A saúde é direito de todos e dever do Estado, garantido mediante políticas sociais e econômicas que visem à redução do risco de doença e de outros agravos e ao *acesso universal e igualitário* às ações e serviços para sua promoção, proteção e recuperação.".

2. Também há preocupação expressa com as **crianças deficientes**, que devem ser atendidas sem qualquer discriminação (como prevê o já analisado art. 3º, parágrafo único, do ECA).

    2.1. Na redação anterior, o ECA apenas garantia às crianças deficientes atendimento especializado, nada dizendo a respeito da não discriminação.

    2.2. Deverá o poder público ***fornecer gratuitamente*** todo o necessário (medicamentos, órteses, próteses e, na nova redação, *tecnologias assistivas*) para a habilitação e a reabilitação, *de acordo com as linhas de cuidado* relacionadas às suas *necessidades específicas* (acréscimo da nova redação)

3. Os profissionais da área receberão *formação* específica para detectar sinais de *risco para o **desenvolvimento psíquico***, uma vez que se trata de um dos aspectos formadores do desenvolvimento integral da criança.

> **Art. 22.** O art. 12 da Lei nº 8.069, de 13 de julho de 1990, passa a vigorar com a seguinte redação:
>
> "Art. 12. Os estabelecimentos de atendimento à saúde, *inclusive as unidades neonatais, de terapia intensiva e de cuidados intermediários*, deverão proporcionar condições para a **permanência em tempo integral** de um dos pais ou responsável, nos casos de internação de criança ou adolescente."

1. O **direito de permanência** de um dos pais ou responsável com a criança ou adolescente internada já existia na redação originária do ECA. A novidade fica por conta do esclarecimento desse direito nos casos de *unidades neonatais, de terapia intensiva e de cuidados intermediários*. Desse modo, a gravidade do tratamento não justifica o isolamento da criança de pessoa de seu afeto.

> **Art. 23.** O art. 13 da Lei nº 8.069, de 13 de julho de 1990, passa a vigorar acrescido do seguinte § 2º, numerando-se o atual parágrafo único como § 1º:
>
> "Art. 13. § 1º As gestantes ou mães que manifestem interesse em entregar seus filhos para adoção serão obrigatoriamente encaminhadas, sem constrangimento, à Justiça da Infância e da Juventude.
>
> § 2º Os serviços de saúde em suas diferentes portas de entrada, os serviços de assistência social em seu componente especializado, o Centro de Referência Especializado de Assistência Social (Creas) e os demais órgãos do Sistema de Garantia de Direitos da Criança e do Adolescente deverão conferir **máxima prioridade** ao atendimento das crianças na faixa etária da primeira infância com suspeita ou confirmação de **violência de qualquer natureza**, formulando projeto terapêutico singular que inclua intervenção em rede e, se necessário, acompanhamento domiciliar."

1. O estatuto acrescenta no ECA o §2º do art. 13, obrigando os serviços de saúde e de assistência social e órgãos do Sistema de Garantia de Direitos da Criança e do Adolescente a dar **máxima prioridade** ao atendimento de **crianças na primeira infância** quando existir *suspeita ou confirmação* de **violência de qualquer natureza**.

   1.1. A partir dessa situação (basta a mera suspeita), se formulará *projeto terapêutico individual* para aquela criança, podendo chegar ao recurso de *acompanhamento domiciliar*, quando necessário.

> **Art. 24.** O art. 14 da Lei nº 8.069, de 13 de julho de 1990, passa a vigorar acrescido dos seguintes §§ 2º, 3º e 4º, numerando-se o atual parágrafo único como § 1º:
>
> "Art. 14. § 2º O Sistema Único de Saúde promoverá a atenção à **saúde bucal** das crianças e das gestantes, de forma transversal, integral e intersetorial com as demais linhas de cuidado direcionadas à mulher e à criança.

> § 3º A atenção odontológica à criança terá função educativa protetiva e será prestada, inicialmente, antes de o bebê nascer, por meio de *aconselhamento pré-natal*, e, posteriormente, no *sexto e no décimo segundo anos* de vida, com orientações sobre saúde bucal.
>
> § 4º A criança com necessidade de cuidados odontológicos especiais será atendida pelo Sistema Único de Saúde."

1. O estatuto insere no ECA dispositivos específicos quanto à **saúde bucal** das *crianças* e das *gestantes*, de maneira integrada às demais linhas de cuidado.

   1.1. O *caput* do art. 14 já mencionava o tratamento odontológico, mas não com tamanha especificidade.

   1.2. Existe **função educativa** nessa atenção odontológica, que se dará em três períodos específicos:

   - Antes de o bebê nascer (aconselhamento pré-natal);
   - No sexto ano de vida (isto é, dos 5 aos 6 anos);
   - No décimo segundo ano de vida (isto é, dos 11 aos 12 anos).

   1.3. Por fim, mesmo os atendimentos decorrentes de *necessidades especiais* serão prestados pelo SUS.

> **Art. 25.** O art. 19 da Lei nº 8.069, de 13 de julho de 1990, passa a vigorar com a seguinte redação:
>
> "Art. 19. É direito da criança e do adolescente ser criado e educado no seio de sua família e, excepcionalmente, em família substituta, assegurada a convivência familiar e comunitária, em **ambiente** que *garanta seu desenvolvimento integral*.
>
> (...)
>
> § 3º A manutenção ou a reintegração de criança ou adolescente à sua família terá preferência em relação a qualquer outra providência, caso em que será esta incluída em serviços e programas *de proteção, apoio e promoção*, nos termos do § 1º do art. 23, dos incisos I e IV do caput do art. 101 e dos incisos I a IV do caput do art. 129 desta Lei.".

1. Quanto à prioridade de convivência na família natural, um direito da criança, o ECA já previa a garantia de não envolvimento em um ambiente com pessoas dependentes de substâncias entorpecentes.

1.1. Na nova redação, o **ambiente familiar** deve permitir o *desenvolvimento integral* da criança (e do adolescente).

1.2. Segundo Elisa Cruz[3], retira-se, assim, a situação de rua ou a drogadição do rol de condições que impedem o exercício da paternidade ou maternidade. Segue-se a lógica do ECA de que é a capacidade de exercício dos deveres parentais de cuidado o critério para a convivência com a família.

1.3. Segue-se a Nota Técnica Conjunta nº 1 da SAS e SGEP, do Ministério da Saúde, que trata da atenção integral das mulheres e adolescentes em situação de rua e/ou usuárias de crack/outras drogas e seus filhos recém-nascidos.

2. A reintegração à família natural já contava com programas de orientação e auxílio, na redação anterior do ECA.

2.1. Agora, o texto da lei passa a falar em *programas de proteção, apoio e promoção*.

> **Art. 26.** O art. 22 da Lei nº 8.069, de 13 de julho de 1990, passa a vigorar acrescido do seguinte parágrafo único:
>
> "Art. 22. Parágrafo único. A mãe e o pai, ou os responsáveis, têm direitos iguais e deveres e **responsabilidades compartilhados** no cuidado e na educação da criança, devendo ser resguardado o direito de transmissão familiar de suas **crenças e culturas**, assegurados os direitos da criança estabelecidos nesta Lei."

1. O dispositivo fala, em seu *caput*, dos deveres dos pais para com a criança (sustento, guarda, educação e cumprir decisões judiciais).

2. O estatuto acrescenta ao ECA o parágrafo único, trazendo duas ideias básicas:

    2.1. Igualdade entre os pais (ou responsáveis), com:

    - Igualdade de direitos;
    - Igualdade de deveres;

---

3. *O Marco Legal da Primeira Infância sob a ótica da Defensoria Pública*. Disponível em: http://www.conjur.com.br/2016-mar-22/tribuna-defensoria-marco-legal-primeira-infancia-otica-defensoria-publica.

- Responsabilidade compartilhada ao *cuidar* e *educar*.

2.2. Torna-se expresso o **direito de transmissão familiar de crenças e culturas**, enquanto elemento fundamental da personalidade.

- Tal transmissão deve se fazer sempre respeitando os demais direitos das crianças (ou seja, as crenças familiares não podem ofender o núcleo de direitos infantis legalmente previstos – o legislador já realizou essa ponderação).

> **Art. 27.** O § 1º do art. 23 da Lei nº 8.069, de 13 de julho de 1990, passa a vigorar com a seguinte redação:
> "Art. 23. (...)
> § 1º Não existindo outro motivo que por si só autorize a decretação da medida, a criança ou o adolescente será mantido em sua família de origem, a qual deverá obrigatoriamente ser incluída em serviços e programas oficiais de *proteção, apoio e promoção*.".

1. O artigo, após asseverar que a carência de recursos materiais não é fundamento para afastar a criança da família, traz os elementos para que se trate aquela família.

1.1. A novidade fica por conta dos programas: antes, falava-se apenas de "auxílio"; agora, a lei menciona **proteção, apoio e promoção**, ampliando o leque de medidas.

> **Art. 28.** O art. 34 da Lei nº 8.069, de 13 de julho de 1990, passa a vigorar acrescido dos seguintes §§ 3º e 4º:
> "Art. 34. (...)
> § 3º A União apoiará a implementação de serviços de **acolhimento em família acolhedora** como *política pública*, os quais deverão dispor de equipe que organize o acolhimento *temporário* de crianças e de adolescentes em residências de famílias selecionadas, capacitadas e acompanhadas que *não estejam no cadastro de adoção*.
> § 4º Poderão ser utilizados recursos federais, estaduais, distritais e municipais para a manutenção dos serviços de acolhimento em família acolhedora, facultando-se o *repasse de recursos* para a própria família acolhedora.".

1. O estatuto esmiúça o tratamento do **acolhimento em família substituta**, trazendo esclarecimentos relevantes:

1.1. Trata-se de **política pública**, sendo cabível, inclusive, o repasse dos recursos públicos (de todos os entes) às próprias famílias acolhedoras.

1.2. O acolhimento é **temporário**, não sendo forma de inserção definitiva na família, como é a adoção.

1.3. Tais famílias devem estar **fora dos cadastros** de adoção, de modo a não permitir a burla da fila por eles estabelecida.

→ **Aplicação em concurso.**

• *Defensor Público/ES – FCC - 2016*
"Em março de 2016, o texto do Estatuto da Criança e do Adolescente sofreu modificações destinadas a incorporar ou reforçar regras voltadas à proteção da primeira infância, entre as quais podemos citar: e) Criação de serviços de acolhimento institucional especializados para a faixa etária da primeira infância, sem prejuízo da preservação de eventuais vínculos com irmãos maiores".

*A alternativa está errada, já que o Estatuto da Primeira Infância apenas alterou o ECA quanto ao acolhimento em família acolhedora, nada mencionando (e muito menos criando) sobre o acolhimento institucional.*

Art. 29. O inciso II do art. 87 da Lei nº 8.069, de 13 de julho de 1990, passa a vigorar com a seguinte redação:

"Art. 87. (...)

II - serviços, programas, projetos e benefícios de assistência social de garantia de proteção social e de prevenção e redução de **violações de direitos**, seus agravamentos ou reincidências;".

1. Foi remodelado o inciso II do art. 87 do ECA, que estabelece as **linhas de ação** da *política de atendimento* dos direitos das crianças e adolescentes.

1.1. Antes, falava-se somente em assistência social, em caráter supletivo. Agora, há preocupação com a proteção social e com a prevenção e redução de violações de direitos, amplamente.

Art. 30. O art. 88 da Lei nº 8.069, de 13 de julho de 1990, passa a vigorar acrescido dos seguintes incisos VIII, IX e X:

"Art. 88. (...)

VIII - **especialização e formação** continuada dos profissionais que trabalham nas diferentes áreas da atenção à primeira infância, incluindo os conhecimentos sobre direitos da criança e sobre desenvolvimento infantil;

IX - **formação** profissional com abrangência dos diversos direitos da criança e do adolescente que favoreça a *intersetorialidade* no atendimento da criança e do adolescente e seu *desenvolvimento integral*;

X - realização e divulgação de **pesquisas** sobre desenvolvimento infantil e sobre prevenção da violência.".

1. Nas **diretrizes** da política de atendimento, foram acrescentados meios referentes a conceitos centrais do Estatuto da Primeira Infância: *intersetorialidade, desenvolvimento integral, infantil* e *prevenção da violência*.

   1.1. Os meios são, basicamente, a formação profissional e as pesquisas.

> **Art. 31.** O art. 92 da Lei nº 8.069, de 13 de julho de 1990, passa a vigorar acrescido do seguinte § 7º:
>
> "Art. 92. (...)
>
> § 7º Quando se tratar de criança de **0 (zero) a 3 (três) anos** em **acolhimento institucional**, dar-se-á especial atenção à atuação de educadores de referência estáveis e qualitativamente significativos, às rotinas específicas e ao atendimento das necessidades básicas, incluindo as de **afeto** como prioritárias.".

1. No artigo referente aos princípios vetores do **acolhimento**, foi inserido parágrafo específico para as **crianças de 0 a 3 anos** (portanto, a primeira parcela da primeira infância):

   1.1. Educadores de referência;

   1.2. Rotinas específicas;

   1.3. Necessidades básicas (a prioritária é o *afeto*).

> **Art. 32.** O inciso IV do caput do art. 101 da Lei nº 8.069, de 13 de julho de 1990, passa a vigorar com a seguinte redação:
>
> "Art. 101. (...)
>
> IV - inclusão em *serviços* e programas oficiais ou comunitários de *proteção, apoio e promoção* da família, da criança e do adolescente;".

1. Foi remodelada a quarta medida protetiva do art. 101, passando a constar:

1.1. Além dos programas oficias, os **serviços;**

1.2. Em vez de programas de mero auxílio à família, à criança e ao adolescente, programas de **proteção, apoio e promoção** da família, da criança e do adolescente.

> **Art. 33.** O art. 102 da Lei nº 8.069, de 13 de julho de 1990, passa a vigorar acrescido dos seguintes §§ 5º e 6º:
>
> "Art. 102. (...)
>
> § 5º Os registros e certidões necessários à inclusão, a qualquer tempo, do **nome do pai** no assento de nascimento são isentos de multas, custas e emolumentos, gozando de **absoluta prioridade**
>
> § 6º São **gratuita**s, a qualquer tempo, a averbação requerida do reconhecimento de paternidade no assento de nascimento e a certidão correspondente.".

1. O estatuto acrescentou ao ECA duas garantais para o **registro da paternidade**/nome do pai no assento e na certidão de nascimento da criança:

    1.1. A **gratuidade** (isenção de multas, custos e emolumentos);

→ **Aplicação em concurso.**

- *Defensor Público/ES – FCC - 2016*
"Em março de 2016, o texto do Estatuto da Criança e do Adolescente sofreu modificações destinadas a incorporar ou reforçar regras voltadas à proteção da primeira infância, entre as quais podemos citar: c) Isenção de multas, custas e emolumentos nos registros e certidões necessários à inclusão, a qualquer tempo, do nome do pai no assento de nascimento da criança".
*A alternativa está correta.*

1.2. A **absoluta prioridade** no procedimento de registro.

> **Art. 34.** O inciso I do art. 129 da Lei nº 8.069, de 13 de julho de 1990, passa a vigorar com a seguinte redação:
>
> "Art. 129. (...)
>
> I - encaminhamento a *serviços* e programas oficiais ou comunitários de *proteção, apoio e promoção* da família;".

1. Quanto às **medidas aplicáveis aos pais**/responsáveis, o estatuto estabelece a mesma modificação realizada pelo seu art. 32 no art. 101, IV do ECA.

**Art. 35.** Os §§ 1º-A e 2º do art. 260 da Lei nº 8.069, de 13 de julho de 1990, passam a vigorar com a seguinte redação:

"Art. 260. (...)

§ 1º-A. Na definição das **prioridades** a serem atendidas com os recursos captados pelos **fundos** nacional, estaduais e municipais dos direitos da criança e do adolescente, serão consideradas as disposições do Plano Nacional de Promoção, Proteção e Defesa do Direito de Crianças e Adolescentes à Convivência Familiar e Comunitária *e as do Plano Nacional pela Primeira Infância.*

§ 2º Os conselhos nacional, estaduais e municipais dos direitos da criança e do adolescente fixarão critérios de utilização, por meio de planos de aplicação, das dotações subsidiadas e demais receitas, aplicando necessariamente percentual para incentivo ao acolhimento, sob a forma de guarda, de crianças e adolescentes e *para programas de atenção integral à primeira infância em áreas de maior carência socioeconômica e em situações de calamidade.*".

1. O estatuto acrescenta o Plano Nacional pela Primeira Infância como **prioridade para a destinação dos fundos** dos direitos da criança e do adolescente de todas as esferas federativas.

2. Também os programas de atenção integral à primeira infância em áreas de maior carência social e econômica e em situações de calamidade passam a merecer destaque nos critérios de destinação.

**Art. 36.** A Lei nº 8.069, de 13 de julho de 1990, passa a vigorar acrescida do seguinte art. 265-A:

"Art. 265-A. O poder público fará periodicamente **ampla divulgação dos direitos** da criança e do adolescente nos meios de comunicação social.

Parágrafo único. A divulgação a que se refere o caput será veiculada em **linguagem clara, compreensível e adequada** a crianças e adolescentes, *especialmente às crianças com idade inferior a 6 (seis) anos.*".

1. Importante inovação do estatuto é a obrigação *periódica* do poder público de **divulgar amplamente** os direitos das crianças e adolescentes em *meios de comunicação social*. Tal divulgação deverá, nos termos desse artigo:

    1.1. Ser *ampla*;

    1.2. Ser *periódica* (de tempos em tempos);

1.3. Ser feita nos *meios de comunicação social*;

1.4. Possuir *linguagem*:

- Clara;
- Compreensível;
- Adequada a crianças e adolescentes (que são, portanto, destinatários), *especialmente as crianças na primeira infância*.

2. Assim, encerram-se as alterações (inclusões e modificações) no ECA.
   - Devemos perceber que nem todas as alterações se referem, *diretamente*, a crianças na primeira infância, mesmo que, *indiretamente*, todas as crianças sejam beneficiadas.

> **Art. 37.** O art. 473 da Consolidação das Leis do Trabalho (CLT), aprovada pelo Decreto-Lei nº 5.452, de 1º de maio de 1943, passa a vigorar acrescido dos seguintes incisos X e XI:
>
> "Art. 473. (...)
>
> X - até 2 (dois) dias para acompanhar consultas médicas e exames complementares durante o período de gravidez de sua esposa ou companheira;
>
> XI - por 1 (um) dia por ano para acompanhar filho de até 6 (seis) anos em consulta médica."

1. Na CLT, o estatuto incluiu o direito do empregado **deixar de comparecer ao trabalho** sem prejuízo do salário para:

   1.1. Acompanhar consultas e exames de sua esposa ou companheira grávida, por até 2 dias;

   1.2. Acompanhar consulta de filho de até 6 anos (logo, *na primeira infância*), por apenas 1 dia.

> **Art. 38.** Os arts. 1º, 3º, 4º e 5º da Lei nº 11.770, de 9 de setembro de 2008, passam a vigorar com as seguintes alterações:
>
> "Art. 1º É instituído o Programa Empresa Cidadã, destinado a prorrogar:
>
> I - por 60 (sessenta) dias a duração da licença-maternidade prevista no inciso XVIII do caput do art. 7º da Constituição Federal;
>
> II - por 15 (quinze) dias a duração da **licença-paternidade**, nos termos desta Lei, além dos 5 (cinco) dias estabelecidos no § 1º do art. 10 do Ato das Disposições Constitucionais Transitórias.

LEI Nº 13.257, DE 8 DE MARÇO DE 2016 **Art. 38**

§ 1º A prorrogação de que trata este artigo:

I - será garantida à empregada da pessoa jurídica que aderir ao Programa, desde que a empregada a requeira até o final do primeiro mês após o parto, e será concedida imediatamente após a fruição da licença-maternidade de que trata o inciso XVIII do caput do art. 7º da Constituição Federal;

II - será garantida ao empregado da pessoa jurídica que aderir ao Programa, desde que o empregado a requeira no prazo de 2 (dois) dias úteis após o parto e comprove participação em programa ou atividade de orientação sobre paternidade responsável.

§ 2º A prorrogação será garantida, na mesma proporção, à empregada e ao empregado que adotar ou obtiver guarda judicial para fins de adoção de criança."

"Art. 3º Durante o período de prorrogação da licença-maternidade e da licença-paternidade:

I - a empregada terá direito à **remuneração integral**, nos mesmos moldes devidos no período de percepção do salário-maternidade pago pelo Regime Geral de Previdência Social (RGPS);

II - o empregado terá direito à remuneração integral."

"Art. 4º No período de prorrogação da licença-maternidade e da licença-paternidade de que trata esta Lei, a empregada e o empregado não poderão exercer nenhuma atividade remunerada, e a **criança** deverá ser mantida **sob seus cuidados**.

Parágrafo único. Em caso de descumprimento do disposto no caput deste artigo, a empregada e o empregado *perderão o direito* à prorrogação."

"Art. 5º A pessoa jurídica tributada com base no lucro real poderá **deduzir do imposto** devido, em cada período de apuração, o total da remuneração integral da empregada e do empregado pago nos dias de prorrogação de sua licença-maternidade e de sua licença-paternidade, vedada a dedução como despesa operacional.".

1. Interessante inovação do estatuto diz respeito à previsão de **prorrogação da licença-paternidade** para as empresas participantes do *Programa Empresa Cidadã*.

    1.1. O *prazo* de prorrogação será de *15 dias*, além dos 5 previstos no ADCT.

    1.2. O empregado deverá *requerer* a prorrogação em até *2 dias úteis após o parto*;

55

1.3. Também o empregado que **adotar** ou obtiver *guarda judicial* para fins de adoção gozará desse direito;

1.4. O empregado terá direito à **remuneração integral**, nesse período.

1.5. Nesse período, não pode o empregado exercer qualquer atividade remunerada, devendo permanecer **cuidando da criança;**

- A lei falava que a criança não podia ser mantida em creche ou organização similar; agora, a redação diz que a criança deverá estar sob os cuidados do empregado.
- O descumprimento desse preceito leva à perda da prorrogação.

1.6. A pessoa jurídica poderá *deduzir* a remuneração desse período de prorrogação do imposto devido.

→ **Aplicação em concurso.**
- *Promotor Substituto/MPE-PR – Banca própria - 2016*
"Assinale a alternativa *incorreta*: b) A Lei n. 13.257/2016 (Estatuto da Primeira Infância) instituiu o Programa Empresa Cidadã, que permite à empregada da pessoa jurídica que aderir ao Programa, mediante requerimento a ser efetuado no prazo que especifica, a prorrogação da licença maternidade".

*A alternativa está incorreta, devendo ser assinalada, já que o Estatuto não instituiu o Programa Empresa Cidadã, mas apenas inaugurou a prorrogação da licença-paternidade.*

**Art. 39.** O Poder Executivo, com vistas ao cumprimento do disposto no inciso II do caput do art. 5º e nos arts. 12 e 14 da Lei Complementar no 101, de 4 de maio de 2000, estimará o **montante da renúncia fiscal** decorrente do disposto no art. 38 desta Lei e o incluirá no demonstrativo a que se refere o § 6º do art. 165 da Constituição Federal, que acompanhará o projeto de lei orçamentária cuja apresentação se der após decorridos 60 (sessenta) dias da publicação desta Lei.

1. O montante de renúncia fiscal que decorrerá da dedução do imposto da remuneração do empregado no período de prorrogação mencionado no artigo anterior será *estimado* e *incluído no demonstrativo* do **projeto de lei orçamentária**, nos termos do art. 165 §6º da Constituição.

1.1. A competência para tanto é do Poder Executivo.
- Art. 165 §6º da CF: "§ 6º O projeto de lei orçamentária será acompanhado de demonstrativo regionalizado do efeito, sobre as receitas e

despesas, decorrente de isenções, anistias, remissões, subsídios e benefícios de natureza financeira, tributária e creditícia.".

1.2. Após tal estimação, deverá haver a inclusão da previsão no projeto de lei orçamentária que for apresentado apenas depois de 60 dias de publicado o estatuto, isto é, pelo menos no dia 24 de abril de 2016 (61º dia após a publicação).

**Art. 40.** Os arts. 38 e 39 desta Lei produzem **efeitos** a partir do primeiro dia do exercício subsequente àquele em que for implementado o disposto no art. 39.

1. Apenas no exercício subsequente à implementação do artigo anterior é que produzirão efeitos da renúncia fiscal relativa aos valores atinentes à prorrogação das licenças-paternidade.

**Art. 41.** Os arts. 6º, 185, 304 e 318 do Decreto-Lei nº 3.689, de 3 de outubro de 1941 (Código de Processo Penal), passam a vigorar com as seguintes alterações:

"Art. 6º . (...)

X - colher **informações sobre** a existência de **filhos**, respectivas idades e se possuem alguma deficiência e o nome e o contato de eventual responsável pelos cuidados dos filhos, indicado pela pessoa presa."

"Art. 185. (...)

§ 10. Do **interrogatório** deverá constar a informação sobre a existência de filhos, respectivas idades e se possuem alguma deficiência e o nome e o contato de eventual responsável pelos cuidados dos filhos, indicado pela pessoa presa."

"Art. 304. (...)

§ 4º Da lavratura do **auto de prisão em flagrante** deverá constar a informação sobre a existência de filhos, respectivas idades e se possuem alguma deficiência e o nome e o contato de eventual responsável pelos cuidados dos filhos, indicado pela pessoa presa."

"Art. 318. (...)

IV - *gestante*;

V - mulher com *filho de até 12 (doze) anos* de idade incompletos;

VI - homem, caso seja *o único responsável* pelos cuidados do filho de até 12 (doze) anos de idade incompletos.

1. Provavelmente, o maior impacto prático do estatuto decorrerá, ao menos em um primeiro momento, das inovações no Código de Processo Penal. Passa a haver a possibilidade de **prisão domiciliar cautelar**, enquanto medida cautelar, para:

    1.1. Todas as gestantes;

    - A redação anterior exigia que a gestação estivesse já no 7º mês ou que fosse de risco. Agora, basta a condição de gestante.

    - Desfaz-se, assim, uma incongruência com o art. 117, IV da Lei de Execuções Penais, que previa a possibilidade de progressão para o regime domiciliar para condenadas gestantes. A hipótese causava espécie, já que o tratamento para um preso condenado era mais benéfico do que a cautelar, voltada a meros acusados, cuja inocência deve se presumir.

    1.2. Mulheres com filhos de até 12 anos incompletos (portanto, não entram aqui os adolescentes);

    - A lei não exige que a mãe seja a única responsável pelos cuidados do filho, ao contrário do que faz com o pai, presumindo a maior importância da figura materna.

    - Quanto à prisão domiciliar como forma de cumprimento da pena, o art. 117, III da LEP prevê a possibilidade para a condenada com filho menor. Assim, o tratamento para a condenada definitiva soa mais favorável do que para a acusada, presumivelmente inocente.

    1.3. Homens com filhos de até 12 anos incompletos, quando for o único responsável pelos seus cuidados.

2. Antecipando a relevância da condição de paternidade/maternidade, e se preocupando com o melhor interesse da criança, tal condição deverá ser averiguada em três *momentos*:

    2.1. No inquérito policial;

    2.2. No interrogatório;

    2.3. No auto de prisão em flagrante (APF).

3. Nesses três momentos, deverão constar *informações* sobre:

    3.1. Existência de filhos;

    3.2. Suas idades;

    3.3. Eventuais deficiências;

3.4. Quem cuidará dos mesmos (informação será dada pela pessoa presa).

4. A previsão decorre do **princípio da fraternidade**, que, no Direito Penal, consiste na *justiça restaurativa* e na sua *humanização*, como reconheceu o Min. Reynaldo Soares da Fonseca:

> *"O princípio da fraternidade é uma categoria jurídica e não pertence apenas às religiões ou à moral. Sua redescoberta apresenta-se como um fator de fundamental importância, tendo em vista a complexidade dos problemas sociais, jurídicos e estruturais ainda hoje enfrentados pelas democracias. A fraternidade não exclui o direito e vice-versa, mesmo porque a fraternidade enquanto valor vem sendo proclamada por diversas Constituições modernas, ao lado de outros historicamente consagrados como a igualdade e a liberdade.*
>
> *O princípio constitucional da fraternidade é um macroprincípio dos Direitos Humanos e passa a ter uma nova leitura prática, diante do constitucionalismo fraternal prometido na CF/88 (preâmbulo e art.3º).*
>
> *Multicitado princípio é possível de ser concretizado também no âmbito penal, através da chamada Justiça restaurativa, do respeito aos direitos humanos e da humanização da aplicação do próprio direito penal e do correspondente processo penal. A Lei nº 13.257/2016 decorre, portanto, desse resgate constitucional."* (STJ. RHC 76.348/RS, Rel. Ministro Reynaldo Soares da Fonseca, quinta turma, julgado em 17/11/2016).

4.1. Além disso, fundamentam a previsão legal a ***convivência materna*** (art. 227 CF), e o direito de a criança ser criada e educada no seio da família (ECA e Convenção Internacional dos Direitos da Criança), como ressaltou o Min. Antonio Saldanha Palheiro, a fim de garantir a ***máxima efetividade ao princípio da proteção integral***:

> *"1. A recorrente é mãe de criança com 5 anos de idade, com diagnóstico de autismo, apresentando estereotipia, agitação psicomotora e distúrbio comportamental, com necessidade de terapia ocupacional semanal, que necessita dos seus cuidados exclusivos.*
>
> *2. Caso em que o pai da criança, já separado da recorrente, também se encontra preso, tendo o menor sido entregue aos cuidados de sua avó materna, que, no entanto, sofreu um AVC (acidente vascular cerebral) isquêmico em janeiro de 2015 e, por mais que já tenha recebido alta hospitalar, encontra-se com sequelas e limitação de deambulação.*
>
> *3. A teor do art. 227 da Constituição da República, **a convivência materna é direito fundamental** do filho da recorrente. Também o ECA e a*

*Convenção Internacional dos Direitos da Criança, ratificada pelo Decreto n. 99.710/1990, garantem que a **criança seja criada e educada no seio da família**.*

*4. O Estatuto da Primeira Infância (Lei n. 13.257/2016) passou a estabelecer um conjunto de **ações prioritárias** a serem observadas no período que abrange os primeiros 6 anos da vida da criança, com o fim de assegurar a máxima **efetividade do princípio constitucional da proteção integral à criança e ao adolescente**, previsto nos diplomas anteriores.*

*5. Não obstante a gravidade da imputação, a prisão domiciliar há de ser deferida por **razões humanitárias**, diante das peculiaridades do caso concreto. (STJ. RHC 68.500/RS, Rel. Min. Antonio Saldanha Palheiro, sexta turma, julgado em 02/02/2017)*

- Nesse caso, portanto, o STJ deixou claro que as razões humanitárias prevaleceram sobre a gravidade da imputação (em abstrato, já que, diante do caso concreto, o tribunal admite afastar a prisão domiciliar, como se verá abaixo).

4.2. O Min. Gilmar Mendes também seguiu essa linha, mencionando a *proteção à maternidade e à infância* e a *dignidade da pessoa humana* como fundamentos legais para a prisão domiciliar:

> *"A concessão da prisão domiciliar encontra amparo legal na **proteção à maternidade e à infância**, como também na **dignidade da pessoa humana**, porquanto prioriza-se o bem-estar dos menores, principalmente, por estarem em tenra idade (4 e 5 anos de idade). Registro que, em casos semelhantes, concedi a medida de urgência para substituir a prisão preventiva por domiciliar." (STF. HC 134077 MC, Relator Min. Gilmar Mendes, julgado em 26/04/2016).*

4.3. O Min. Celso de Mello percebeu, ainda, que a referida norma, quanto às mulheres acusadas, se inspira nas **Regras de Bangkok**, documento da Assembleia Geral da ONU para o tratamento de mulheres presas, de cuja elaboração o Brasil participou, bem como na especial tutela das crianças, conforme a Constituição e a Convenção das Nações Unidas sobre os Direitos da Criança:

> *"Cabe assinalar, no ponto, que a aplicabilidade da norma legal que venho de referir encontra raízes em importante documento internacional a que o Brasil se vinculou, política e juridicamente, no plano externo. Com efeito, impende relembrar que a Assembleia Geral das Nações Unidas, acolhendo recomendação do Conselho Econômico e Social, adotou regras para o tratamento de mulheres presas e a aplicação de medidas*

> não privativas de liberdade para mulheres infratoras, as denominadas **Regras de Bangkok**, em cuja elaboração e votação teve ativa participação o Estado brasileiro. O legislador nacional, ainda que de modo incompleto, buscou refletir no plano processual penal o espírito das Regras de Bangkok, fazendo-o mediante inovações introduzidas no Código de Processo Penal, especialmente em seus artigos 6º, 185, 304 e 318, e, também, na Lei de Execução Penal (artigos 14, § 3º, 83, § 2º, e 89). Ao disciplinar a prisão domiciliar, o Brasil, atuando no plano doméstico, promulgou legislação – a Lei nº 12.403/2011 e a Lei nº 13.257/2016, que, entre outras matérias, 'Dispõe sobre as políticas públicas para a primeira infância" – que institui regra autorizativa viabilizadora da substituição da prisão preventiva pela prisão domiciliar, se e quando se tratar, consideradas as várias hipóteses elencadas em rol taxativo, (a) de gestante, (b) de mulher com filho de até 12 (doze) anos de idade incompletos, (c) de homem, 'caso seja o único responsável pelos cuidados do filho de até 12 (doze) anos incompletos', ou (d) de agente considerado 'imprescindível aos cuidados especiais de pessoa menor de 6 (seis) anos de idade ou com deficiência'. Cumpre enfatizar, de outro lado, que a benignidade desse tratamento dispensado às prisões cautelares de mulheres nas condições que venho de referir é também justificada pela necessidade de conferir **especial tutela à população infanto-juvenil**, notadamente às crianças, em ordem a tornar efetivos os compromissos que o Brasil assumiu não só perante a sua própria ordem constitucional, mas, também, no plano internacional, ao subscrever a Convenção das Nações Unidas sobre os Direitos da Criança, cujo texto foi incorporado, formalmente, ao sistema de direito positivo interno de nosso País pelo Decreto presidencial nº 99.710, de 21/11/1990." (STF. HC 132.734/DF, Rel. Min. Celso de Mello, julgado em 30/06/2016)

- As Regras de Bangkok possuem diversas orientações interessantes, permitindo, por exemplo, que se suspenda a medida privativa de liberdade até que a mulher tome providências referentes às crianças de sua guarda (regra 2.2), bem como regras específicas para gestantes, lactantes e com filhos na prisão (regras 48 a 52):

  > *Regra 2 (Ingresso): 2. Antes ou no momento de seu ingresso, deverá ser permitido às mulheres responsáveis pela guarda de crianças tomar as providências necessárias em relação a elas, incluindo a possibilidade de suspender por um período razoável a medida privativa de liberdade, levando em consideração o melhor interesse das crianças.*
  >
  > *Regra 48 (gestantes e lactantes): 1. Mulheres gestantes ou lactantes deverão receber orientação sobre dieta e saúde dentro de um programa*

*a ser elaborado e supervisionado por um profissional da saúde qualificado. Deverão ser oferecidos gratuitamente alimentação adequada e pontual, um ambiente saudável e oportunidades regulares de exercícios físicos para gestantes, lactantes, bebês e crianças.*

*2. Mulheres presas não deverão ser desestimuladas a amamentar seus filhos/as, salvo se houver razões de saúde específicas para tal.*

*3. As necessidades médicas e nutricionais das mulheres presas que tenham recentemente dado à luz, mas cujos/as filhos/as não se encontram com elas na prisão, deverão ser incluídas em programas de tratamento.*

*Regra 49: Decisões para autorizar os/as filhos/as a permanecerem com suas mães na prisão deverão ser fundamentadas no melhor interesse da criança. Crianças na prisão com suas mães jamais serão tratadas como presas.*

*Regra 50: Mulheres presas cujos/as filhos/as estejam na prisão deverão ter o máximo possível de oportunidades de passar tempo com eles.*

*Regra 51: 1. Crianças vivendo com as mães na prisão deverão ter acesso a serviços permanentes de saúde e seu desenvolvimento será supervisionado por especialistas, em colaboração com serviços de saúde comunitários.*

*2. O ambiente oferecido para a educação dessas crianças deverá ser o mais próximo possível àquele de crianças fora da prisão.*

*Regra 52: 1. A decisão do momento de separação da mãe de seu filho deverá ser feita caso a caso e fundada no melhor interesse da criança, no âmbito da legislação nacional pertinente.*

*2. A remoção da criança da prisão deverá ser conduzida com delicadeza, e apenas quando alternativas de cuidado da criança tenham sido identificadas e, no caso de presas estrangeiras, com consulta aos funcionários/as consulares.*

*3. Uma vez separadas as crianças de suas mães e colocadas com familiares ou parentes, ou sob outras formas de cuidado, serão oferecidas às mulheres presas o máximo de oportunidades e condições para encontrar-se com seus filhos e filhas, quando estiver sendo atendido o melhor interesse das crianças e a segurança pública não for comprometida.*

5. Discute-se se a disposição caracteriza *direito subjetivo* do(a) acusado(a) ou *poder* (possibilidade) do magistrado. Ou seja, basta a aferição objetiva dos requisitos legais ou deverá haver consideração da conveniência da prisão domiciliar conforme as peculiaridades do caso.

    5.1. O STJ vem decidindo que a prisão domiciliar deve ser a **prioridade**, *exceto* se a prisão preventiva (última medida) se mostrar *claramente* necessária:

> *"Quando a presença de mulher for imprescindível a fim de prover os cuidados a filho menor de 12 (doze) anos de idade, cabe ao magistrado analisar acuradamente a possibilidade de substituição do cárcere ad custodiam pela prisão domiciliar, legando a medida extrema às situações em que elementos concretos demonstrem **claramente a insuficiência** da inovação legislativa em foco" (STJ. HC 357.470/RS, Rel. Min. Maria Thereza de Assis Moura, sexta turma, julgado em 18/08/2016).*

5.2. O STF e o STJ exigem a **conjugação dos requisitos objetivos e subjetivos**: ou seja, não basta a mera subsunção à hipótese prevista no artigo 318 do CPP, será preciso que as circunstâncias do caso concreto esclareçam que a substituição é recomendável.

> *"A conversão da prisão preventiva em domiciliar para mulher com filho de até 12 anos de idade incompletos, determinada pela Lei 13.257/2016, pressupõe a **conjugação dos requisitos objetivos e subjetivos, e visa a tutela dos interesses da criança e do adolescente**. No caso, a possibilidade de imposição da prisão domiciliar não foi submetida à apreciação do Juízo de origem. 4. Habeas corpus concedido de ofício tão somete para que o magistrado processante analise a possibilidade de conversão da prisão preventiva por domiciliar, nos moldes do art. 318, V, do Código de Processo Penal." (STF. HC 137234, Relator Min. Teori Zavascki, segunda turma, julgado em 13/12/2016).*

> *"O fato de a paciente ser mãe de uma criança que conta atualmente com três anos de idade, por si só, não torna obrigatório o deferimento da prisão domiciliar prevista no art. 318, inciso V, do CPP, devendo tal circunstância ser analisada em conjunto com as demais **particularidades da situação em concreto**." (STJ. HC 367.698/SC, Rel. Min. Jorge Mussi, quinta turma, julgado em 13/12/2016).*

5.3. Além disso, o STF **não aceita a apreciação originária** do pedido em sede extraordinária. Assim, o juiz de primeiro grau deve se manifestar sobre o requerimento.

> *"Pedido superveniente para se substituir a prisão preventiva da embargante por domiciliar em atenção ao inciso V do art. 318 do Código de Processo Penal, recentemente incluído pela Lei nº 13.257, de 8 de março de 2016. O tema **deve ser analisado pelo juízo de origem, uma vez que não cabe à Suprema Corte apreciá-lo de forma originária**, sob pena de incorrer em supressão de instância e em grave violação das regras constitucionais de competência. Ordem concedida de ofício para determinar ao juízo de origem competente que analise se a embargante atende aos pressupostos necessários à substituição da prisão preventiva pela domiciliar, na forma do art. 318, inciso V, do Código de Processo Penal." (STF. HC 132462 AgR-ED, Relator Min. Dias Toffoli, segunda turma, julgado em 10/05/2016).*

- Portanto, seguindo a lógica dessas decisões:

| | |
|---|---|
| Pedido originário no STF | Não é possível (supressão de instância) |
| Pedido negado nas instâncias ordinárias | Possível concessão em sede recursal ou em *habeas corpus* no STF/STJ |

5.4. Para o STJ, portanto, a substituição da prisão preventiva pela prisão domiciliar representa mera **possibilidade**, e não obrigatoriedade para o juiz, que pode, ante o caso concreto, entender como necessário o cárcere:

> *"Não obstante a novel modificação legislativa, permanece inalterado o verbo contido no caput do art. 318, que revela a* **possibilidade, não a obrigatoriedade**, *da concessão do benefício, que deve se revelar consentâneo com os parâmetros de necessidade para aplicação da lei penal, para a investigação ou a instrução criminal e, nos casos expressamente previstos, para evitar a prática de infrações penais e adequação da medida à gravidade do crime, circunstâncias do fato e condições pessoais do indiciado ou acusado, tudo nos termos do art. 282, incisos I e II, do Código de Processo Penal. (Precedentes).*
>
> *Neste contexto, considerando que a recorrente está sendo acusada de crime grave, bem como que o acórdão vergastado consignou que 'não ficou comprovada nos autos a imprescindibilidade da presença da paciente nos cuidados de seus filhos menores de idade', não é recomendável a substituição da prisão preventiva por prisão domiciliar."*
>
> *(STJ. RHC 73.914/SP, Rel. Min. Felix Fischer, quinta turma, julgado em 20/10/2016).*
>
> *"A despeito da benéfica legislação, que se harmoniza com diversos tratados e convenções internacionais, vale o registro de que o uso do verbo "poderá", no caput do art. 318 do Código de Processo Penal,* **não deve ser interpretado com a semântica que lhe dão certos setores da doutrina, para os quais seria "dever" do juiz** *determinar o cumprimento da prisão preventiva em prisão domiciliar ante a verificação das condições objetivas previstas em lei. Semelhante interpretação acabaria por gerar uma vedação legal ao emprego da cautela máxima em casos nos quais se mostre ser ela a única hipótese a tutelar, com eficiência, situação de evidente e imperiosa necessidade da prisão. Ademais, importaria em assegurar a praticamente toda pessoa com prole na idade indicada no texto legal o direito a permanecer sob a cautela alternativa, mesmo se identificada a incontornável urgência da medida extrema." (STJ. HC 362.236/AM, Rel. Min. Rogerio Schietti Cruz, sexta turma, julgado em 14/02/2017)*

5.5. O Min. Celso de Mello (em decisão monocrática no STF), reconhecendo a importância da norma, já permitiu que se abrisse prazo para que o requerente da substituição *comprovasse* a situação prevista no art. 318, que permitiria a prisão domiciliar. Ou seja, antes de se indeferir o pedido por falta de provas, se oportunizou ao réu a chance de melhor o instruir:

> *"Assentadas, desse modo, as premissas que tenho por essenciais ao exame desse particular aspecto da causa, e definido o 'status quaestionis' na jurisprudência desta Corte, notadamente na visão da colenda Segunda Turma do Supremo Tribunal Federal, determino que o* **autor do presente "writ" comprove, no prazo de 05 (cinco) dias, a situação a que ele se referiu,** *tendo em vista o que dispõe o art. 318, inciso V, do CPP, na redação dada pela Lei nº 13.257/2016."* (STF. HC 132.734/DF, Rel. Min. Celso de Mello, julgado em 30/06/2016)

6. Enquanto **norma processual**, as novas previsões aplicam-se de imediato, isto é, inclusive aos presos preventivos por supostos crimes praticados antes de sua vigência.

6.1. A competência será do juiz de conhecimento, vez que se trata de uma *medida cautelar*, substituindo a prisão preventiva.

6.2. O STJ aplicou a norma um dia após a sua publicação, em decisão liminar do Min. Rogerio Schietti Cruz:

> *"De início, impõe-se destacar a entrada em vigor, no dia 9/3/2016, da Lei n. 13.257/2016, a qual estabelece conjunto de ações prioritárias que devem ser observadas na primeira infância (0 a 6 anos de idade), mediante "princípios e diretrizes para a formulação e implementação de políticas públicas para a primeira infância em atenção à especificidade e à relevância dos primeiros anos de vida no desenvolvimento infantil e no desenvolvimento do ser humano" (art. 1º), em consonância com o Estatuto da Criança e do Adolescente.*
>
> *Há que se ressaltar a posição central, em nosso ordenamento jurídico, da doutrina da proteção integral e do princípio da prioridade absoluta, previstos no art. 227 da Constituição Federal, no ECA e, ainda, na Convenção Internacional dos Direitos da Criança, ratificada pelo Decreto Presidencial n. 99.710/90.*
>
> *Sob tais regências normativas, e levando em consideração as peculiaridades do caso, penso ser temerário manter o encarceramento da paciente quando presentes dois dos requisitos legais do artigo 318 do Código Penal, com a redação dada pela Lei n. 13.257/2016. Ademais a prisão domiciliar revela-se adequada para evitar a prática de outras infrações penais (art. 282, I, CPP), diante das condições favoráveis que ostenta (primariedade e residência fixa), e de não haver demonstração*

*de sua periculosidade concreta, que pudesse autorizar o recurso à cautela extrema como a única hipótese a tutelar a ordem pública." (STJ, HC 351.494-SP, Min. Rogerio Schietti Cruz, julgado em 10/03/2016).*

7. Embora silente a respeito, a norma aplica-se, por analogia, aos processos de apuração de atos infracionais praticados por adolescentes.

7.1. É possível, então, inclusive pelo artigo 35, I da Lei do SINASE, nº 12.594/12 (princípio da legalidade, que veda que o adolescente receba tratamento mais gravoso que o adulto), que se flexibilize a medida socioeducativa aplicada ou até que se ofereça remissão, pelo MP ou pelo juiz.

> **Art. 42.** O art. 5º da Lei nº 12.662, de 5 de junho de 2012, passa a vigorar acrescido dos seguintes §§ 3º e 4º:
>
> "Art. 5º (...)
>
> § 3º O sistema previsto no caput deverá assegurar a interoperabilidade com o Sistema Nacional de **Informações de Registro Civil** (Sirc).
>
> § 4º Os estabelecimentos de saúde públicos e privados que realizam partos terão prazo de 1 (um) ano para se interligarem, mediante sistema informatizado, às serventias de registro civil existentes nas unidades federativas que aderirem ao sistema interligado previsto em regramento do Conselho Nacional de Justiça (CNJ).".

1. A lei alterada trata da Declaração de Nascido Vivo (DNV). Nela, há previsão de um sistema de informações do Ministério da Saúde, onde se consolidam todos os dados colhidos nessas declarações.

1.1. Com o estatuto, o referido sistema deverá possuir *interoperabilidade* com o Sistema Nacional de Informações de Registro Civil (SIRC).

1.2. A partir do advento do estatuto, os *estabelecimentos de saúde* (públicos e privados) *que realizem partos* devem, em 1 ano, se interligarem às serventias de registro civil da referida unidade federativa (Estado ou DF).

> **Art. 43.** Esta Lei entra em **vigor na data de sua publicação**.
>
> Brasília, 8 de março de 2016; 195º da Independência e 128º da República.

1. O estatuto e suas modificações possuem vigência desde a sua publicação em 8 de março de 2016, inexistindo período de *vacatio legis*.

1.1. Exceção: os efeitos tributários, porém, dependem do decurso do prazo previsto no art. 40.

# ESTATUTO DA JUVENTUDE
# (LEI Nº 12.852, DE 5 DE AGOSTO DE 2013)

## TÍTULO I
## DOS DIREITOS E DAS POLÍTICAS PÚBLICAS DE JUVENTUDE

### CAPÍTULO I
### DOS PRINCÍPIOS E DIRETRIZES DAS POLÍTICAS PÚBLICAS DE JUVENTUDE

**Art. 1º** Esta Lei institui o Estatuto da Juventude e dispõe sobre os direitos dos jovens, os princípios e diretrizes das **políticas públicas de juventude** e o **Sistema Nacional de Juventude** - SINAJUVE.

§ 1º Para os efeitos desta Lei, são consideradas **jovens** as pessoas com idade entre *15 (quinze) e 29 (vinte e nove) anos* de idade.

§ 2º Aos **adolescentes** com idade entre 15 (quinze) e 18 (dezoito) anos aplica-se a Lei nº 8.069, de 13 de julho de 1990 - Estatuto da Criança e do Adolescente, e, excepcionalmente, este Estatuto, quando não conflitar com as normas de proteção integral do adolescente.

1. O **Estatuto da Juventude** possui *dois conteúdos* principais, relativos aos seus dois títulos:

    1.1. O título I traz ***direitos e políticas públicas*** voltados para os jovens. Possui dois capítulos:

    - O capítulo I traz *princípios e diretrizes* para as políticas públicas;
    - O capítulo II possui diversas seções, que tratam de *direitos específicos* dos jovens.

    1.2. O título II institui o ***Sistema Nacional da Juventude*** (SINAJUVE).

    1.3. Portanto, em uma visão global, o Estatuto da Juventude está esquematizado assim:

| Título I: Direitos e Políticas Públicas | | Títulos II: Sistema Nacional de Juventude | | |
|---|---|---|---|---|
| Capítulo I: Princípios e diretrizes | Capítulo II: Direitos dos jovens | Capítulo I: SINAJUVE | Capítulo II: Competências | Capítulo III: Conselhos da Juventude |

2. O **conceito legal de jovem** vem previsto no §1º da lei, comportando as pessoas com idade *entre 15 e 29 anos*.

    2.1. Percebe-se que existe uma *interseção com o conceito de adolescente* (que vai dos 12 aos 18 anos, na forma do art. 2º do ECA), no caso dos jovens de 15 a 18 anos. Nesses casos, o Estatuto deu a solução, no §2º do seu artigo 1º: *prevalecem as previsões do ECA e, subsidiariamente, as do Estatuto da Juventude*, desde que *não conflitem* com as normas do ECA (de proteção integral do adolescente).

    2.2. Portanto, o Estatuto da Juventude *só se aplica aos adolescentes* se preenchidas duas condições cumulativas:

    - Adolescente ter 15 anos ou mais de idade;
    - A norma do Estatuto não contrariar as normas do ECA.

    2.3. Diversos dispositivos do Estatuto reiteram essa aplicação prioritária do ECA, notadamente quanto ao direito à profissionalização (artigo 16; artigo 22, parágrafo único; artigo 36, parágrafo único).

3. A preocupação com os direitos do jovem ganhou contornos positivados a partir da **Emenda Constitucional nº 65** (13/07/2010), que reformulou o artigo 227 da Constituição, acrescentando menções específicas aos jovens.

    3.1. A EC 65/10 modificou o Capítulo VII do Título VIII da Constituição, que passou a se chamar "Da Família, da Criança, do Adolescente, *do Jovem* e do Idoso".

    3.2. A primeira mudança de conteúdo foi a inserção do jovem na cláusula geral do *caput* do artigo 227, que impõe dever à família, à sociedade e ao Estado de assegurar ao jovem, com **absoluta prioridade**, diversos direitos.

    - Art. 227 da CF: "Art. 227. É dever da família, da sociedade e do Estado assegurar à criança, ao adolescente e ao *jovem*, com absoluta prioridade, o direito à vida, à saúde, à alimentação, à educação, ao lazer, à profissionalização, à cultura, à dignidade, ao respeito, à liberdade e à convivência familiar e comunitária, além de colocá-los a salvo de toda forma de negligência, discriminação, exploração, violência, crueldade e opressão.".

3.3. Também, pelo acréscimo do jovem no §1º, e em seu inciso II, passam esses sujeitos de direito a gozarem de programas de *assistência integral à saúde*, inclusive quando portadores de deficiências.

- Art. 227 §1º, II da CF: "§ 1º O Estado promoverá programas de assistência integral à saúde da criança, do adolescente e do *jovem*, admitida a participação de entidades não governamentais, mediante políticas específicas e obedecendo aos seguintes preceitos: II - criação de programas de prevenção e atendimento especializado para as pessoas portadoras de deficiência física, sensorial ou mental, bem como de integração social do adolescente e do *jovem portador de deficiência*, mediante o treinamento para o trabalho e a convivência, e a facilitação do acesso aos bens e serviços coletivos, com a eliminação de obstáculos arquitetônicos e de todas as formas de discriminação".

3.4. Foram incluídos, no rol dos direitos oriundos da *proteção especial*, a garantia de *acesso do jovem à escola* e a programas de prevenção e atendimento especializado a jovens *dependentes de entorpecentes*.

- Art. 227 §3º, III e VII da CF: "§ 3º O direito a proteção especial abrangerá os seguintes aspectos: III - garantia de acesso do trabalhador adolescente e *jovem à escola*; VII - programas de prevenção e atendimento especializado à criança, ao adolescente e ao *jovem dependente de entorpecentes* e drogas afins.".

3.5. Por fim, foi dada ordem expressa ao legislador para que estabelecesse o *Estatuto da Juventude* (sancionado com quase três anos de atraso) e o *Plano Nacional de Juventude* (muito debatido, mas ainda não aprovado como lei).

- Art. 227 §8º da CF: "§ 8º A lei estabelecerá: I - o estatuto da juventude, destinado a regular os direitos dos jovens; II - o plano nacional de juventude, de duração decenal, visando à articulação das várias esferas do poder público para a execução de políticas públicas.".

- Com o fim de contribuir nessa regulamentação, o Governo Federal editou o Decreto nº 8.074/13, que instituiu o *Comitê Interministerial da Política de Juventude* (*Coijuv*), sendo revogado e atualizado pelo Decreto nº

9.025, de 5 de abril de 2017[1]. Dentre suas competências, estava a elaboração da regulamentação do Estatuto da Juventude, devendo traçar o Plano Nacional de Juventude e acompanhar periodicamente seu cumprimento, atendendo ao artigo 227 §8º da Constituição Federal.

## SEÇÃO I
## DOS PRINCÍPIOS

**Art. 2º** O disposto nesta Lei e as políticas públicas de juventude são regidos pelos seguintes **princípios**:

I - promoção da autonomia e emancipação dos jovens;

II - valorização e promoção da participação social e política, de forma direta e por meio de suas representações;

III - promoção da criatividade e da participação no desenvolvimento do País;

IV - reconhecimento do jovem como sujeito de direitos universais, geracionais e singulares;

V - promoção do bem-estar, da experimentação e do desenvolvimento integral do jovem;

VI - respeito à identidade e à diversidade individual e coletiva da juventude;

VII - promoção da vida segura, da cultura da paz, da solidariedade e da não discriminação; e

VIII - valorização do diálogo e convívio do jovem com as demais gerações.

Parágrafo único. A emancipação dos jovens a que se refere o inciso I do caput refere-se à trajetória de inclusão, liberdade e participação do jovem na vida em sociedade, e não ao instituto da emancipação disciplinado pela Lei nº 10.406, de 10 de janeiro de 2002 - Código Civil.

1. A primeira seção do capítulo sobre os princípios e diretrizes se volta precisamente aos **princípios** que regem o Estatuto e as políticas públicas para a juventude.

2. O primeiro princípio diz respeito à promoção da *autonomia* e da *emancipação* dos jovens, isto é, de dar condições para que tais sujeitos possam guiar suas vidas de maneira independente, em todos os aspectos.

---

1. Conferir a íntegra nos anexos do livro.

2.1. *Autonomia* significa, etimologicamente, ser governado por sua própria lei (*auto*: si; *nomos*: norma). Está relacionada, então, aos direitos de liberdade, de modo que nem o Estado nem pessoa alguma impeça o jovem de fazer suas próprias decisões, desde que, obviamente, não cause prejuízo ao corpo social. Para tanto, porém, é importante que se garantam oportunidades para tais sujeitos.

2.2. A emancipação vem esmiuçada no parágrafo único do dispositivo, esclarecendo que nada tem a ver com o instituto da emancipação do Direito Civil (no qual um sujeito relativamente incapaz adquire a capacidade de direito, antes de atingir a maioridade, na forma do parágrafo único do artigo 5º do Código Civil[2]). Já a *emancipação* do Estatuto da Juventude diz respeito à trajetória progressiva que contempla três aspectos:

- Inclusão;
- Liberdade;
- Participação do jovem na vida em sociedade.

3. O segundo princípio busca valorizar e promover a **participação social** e **política**, relevando-se como desdobramento de um dos aspectos da emancipação, prevista no inciso anterior.

    3.1. A participação política poderá se dar:

    - Diretamente (por exemplo, com a candidatura de um jovem ao exercício de um mandato eletivo);
    - Indiretamente, com a escolha de representantes (por exemplo, pelo voto).

4. O terceiro inciso traz dois princípios: o da promoção da **criatividade** e o da **participação no desenvolvimento do País**, este último interligado com os incisos anteriores.

---

2. Art. 5º A menoridade cessa aos dezoito anos completos, quando a pessoa fica habilitada à prática de todos os atos da vida civil. Parágrafo único. *Cessará, para os menores, a incapacidade*: I - pela concessão dos pais, ou de um deles na falta do outro, mediante instrumento público, independentemente de homologação judicial, ou por sentença do juiz, ouvido o tutor, se o menor tiver dezesseis anos completos; II - pelo casamento; III - pelo exercício de emprego público efetivo; IV - pela colação de grau em curso de ensino superior; V - pelo estabelecimento civil ou comercial, ou pela existência de relação de emprego, desde que, em função deles, o menor com dezesseis anos completos tenha economia própria.

4.1. O princípio da criatividade mostra-se, ainda, como um dos aspectos que conceituam a juventude. Na lição de Jorge Barrientos Parra, "por definição, a juventude é criadora. No plano cultural gera modismos e formas peculiares de comunicação. Renova a linguagem musical, as concepções artísticas, a ação política, a vida científica e desportiva e amiúde, negando e opondo-se aos conceitos vigentes, dialeticamente produz sínteses não vislumbradas em todas as áreas da atividade humana."[3].

5. Prosseguindo, encontramos o fundamental princípio do reconhecimento do jovem como **sujeito de direitos** de três graus: universais, geracionais e singulares.

   5.1. Os *direitos* **universais** são aqueles de que são titulares todos os sujeitos. Isto é, tanto um jovem quanto outras pessoas (criança, idoso, demais adultos).

   5.2. Os *direitos* **geracionais** são aqueles titularizados por sujeitos pertencentes a uma determinada geração. São direitos próprios dos membros de uma certa geração (por exemplo, muitos dos direitos digitais são muito mais inerentes aos jovens atuais do que a seus avós, que, muitas das vezes, ignoram tais recursos).

   5.3. Os *direitos* **singulares** se referem apenas aos jovens, sendo estranhos ao patrimônio jurídico de sujeitos de outras faixas etárias.

6. Em seguida está a **promoção do bem-estar**, da **experimentação** e do **desenvolvimento integral** do jovem.

   6.1. Quanto ao desenvolvimento integral, preocupação semelhante à do Estatuto da Primeira Infância, tem-se a proposta de desenvolvimento de todas as áreas do sujeito jovem (intelectual, educacional, política, social, familiar, etc).

7. Os princípios do **respeito à identidade** e do respeito **à diversidade individual e coletiva** esclarecem que o jovem deve ser visto como um sujeito individual de direitos, com identidade própria (respeito à identidade), ainda que diversa dos demais (respeito à diversidade individual). Além disso, o conjunto de jovens, coletivamente considerado, também terá suas

---

3. PARRA, Jorge Barrientos. O Estatuto da Juventude: aspectos jurídicos e políticos. *Revista de Direito Privado*. v. 22

peculiaridades (diversidades) respeitadas, no cotejo com outros grupos sociais (respeito à diversidade coletiva).

8. No sétimo inciso, encontramos princípios de *promoção*:

    8.1. Da *vida segura* (proteção contra ofensas externas, e toda forma de violência);

    8.2. Da *cultura da paz* (que surge como um meio para a obtenção da vida segura);

    8.3. Da *solidariedade* (preocupação com outras pessoas e grupos sociais, ainda que de outras gerações – solidariedade intergeracional);

    8.4. Da *não discriminação* (princípio da igualdade formal).

9. Seguindo e concretizando diversos princípios anteriores, aparece no último inciso a *valorização do diálogo* e do *convívio intergeracional*, isto é, com as demais gerações.

## SEÇÃO II
## DIRETRIZES GERAIS

Art. 3º Os **agentes públicos ou privados** envolvidos com políticas públicas de juventude devem observar as seguintes **diretrizes**:

I - desenvolver a **intersetorialidade** das políticas estruturais, programas e ações;

II - incentivar a **ampla participação juvenil** em sua formulação, implementação e avaliação;

III - ampliar as **alternativas de inserção social** do jovem, promovendo programas que priorizem o seu desenvolvimento integral e participação ativa nos espaços decisórios;

IV - proporcionar **atendimento de acordo** com suas especificidades perante os órgãos públicos e privados prestadores de serviços à população, visando ao gozo de direitos simultaneamente nos campos da saúde, educacional, político, econômico, social, cultural e ambiental;

V - garantir meios e equipamentos públicos que promovam o acesso à **produção cultural, à prática esportiva, à mobilidade territorial e à fruição do tempo livre**;

VI - promover o **território** como espaço de integração;

VII - fortalecer as **relações institucionais** com os entes federados e as redes de órgãos, gestores e conselhos de juventude;

> VIII - estabelecer mecanismos que ampliem a **gestão de informação** e produção de conhecimento sobre juventude;
>
> IX - promover a **integração internacional** entre os jovens, preferencialmente no âmbito da América Latina e da África, e a cooperação internacional;
>
> X - garantir a **integração** das políticas de juventude **com os Poderes** Legislativo e Judiciário, com o Ministério Público e com a Defensoria Pública; e
>
> XI - zelar pelos direitos dos jovens com idade entre *18 (dezoito)* e *29 (vinte e nove) anos* privados de liberdade e egressos do **sistema prisional**, formulando políticas de educação e trabalho, incluindo estímulos à sua reinserção social e laboral, bem como criando e estimulando oportunidades de estudo e trabalho que favoreçam o cumprimento do regime semiaberto.

1. Na seção seguinte, o Estatuto enumera diversas **diretrizes**.

    1.1. Os *destinatários* dessas diretrizes são os:

    - Agentes *públicos* envolvidos com políticas públicas de juventude;
    - Agentes *privados* envolvidos com políticas públicas de juventude.

2. A exemplo do Estatuto da Primeira Infância, há o foco na *intersetorialidade*, isto é, a ligação entre diversos ramos do saber e do desenvolvimento integral do jovem.

3. Sempre existe a preocupação com a *ampla participação dos jovens*, em três fases:

    3.1. Formulação da política;

    3.2. Implementação;

    3.3. Avaliação do sucesso da política pública.

    - O direito à participação juvenil vem esmiuçado no artigo 4º do Estatuto.

4. Os agentes envolvidos deverão ampliar sempre as *alternativas de inserção social* dos sujeitos jovens.

    4.1. Essa diretriz está ligada às duas anteriores, já que voltada:

    - Ao desenvolvimento integral do jovem (favorecido pela intersetorialidade);

- À participação ativa do jovem nas decisões tomadas (relacionada à ampla participação).

5. Deverá ser desenvolvido **atendimento de acordo com as especificidades** dos jovens.

    5.1. Esse *dever de atendimento* específico se aplica aos:
    - Órgãos públicos, em geral;
    - Órgãos privados prestadores de serviços públicos.

    5.2. A intenção é viabilizar o *exercício de direitos* dos jovens, nos seguintes campos:
    - Saúde;
    - Educação;
    - Política;
    - Economia;
    - Social;
    - Cultural;
    - Ambiental.

6. Os agentes, especialmente os públicos, devem garantir **meios e equipamentos públicos** que permitam o acesso do jovem:

    6.1. À produção cultural;

    6.2. À prática de esportes;

    6.3. À fruição do tempo livre;
    - Observação: essa diretriz está relacionada ao direito social ao lazer, esculpido no artigo 6º da Constituição Federal.

    6.4. À mobilidade no território.
    - A importância do território constitui uma diretriz específica, no inciso seguinte, devendo o mesmo ser visto como um **espaço de integração**, seja com outros jovens, seja com outros membros da sociedade.

7. Também devem os agentes das políticas para a juventude estar focados:

    7.1. No **fortalecimento de relações institucionais** com:
    - Os entes federados;

- Redes de órgãos e gestores;
- Conselhos de juventude (previstos nos artigos 45 a 47 do Estatuto).

7.2. Na **integração das políticas** com:
- Poder Legislativo;
- Poder Judiciário;
- Ministério Público;
- Defensoria Pública.

7.3. Trata-se de prudente diretriz, tendo em vista que os relacionamentos institucionais estimulados permitem a efetivação dos direitos dos jovens, seja por meio da edição de normas específicas (poder Legislativo), seja com sua implantação de maneira coativa, pela via judicial ou extrajudicial (Ministério Público, Defensoria Pública e Poder Judiciário).

8. Para um melhor planejamento das políticas e para a sua decente avaliação, a lei traz a diretriz da **gestão de informação** e da **produção de conhecimento** sobre a juventude.

9. O legislador foi ousado e previu a **integração internacional** entre os jovens.

    9.1. Esse relacionamento transnacional preferencialmente se dará *com jovens* nacionais de outros países:
    - Da América latina;
    - Da África.

    9.2. Ademais, fala-se em **cooperação internacional**, o que remete à ideia do diálogo construtivo *entre países* (ou melhor, entre agentes voltados para políticas públicas de juventude de diversos países).

10. Para os **jovens do sistema prisional** (privados de liberdade ou já egressos), deverá existir política específica, com capacitação (educação e trabalho) capaz de possibilitar a reinserção social e laboral.

    10.1 Esse comando se destina aos **jovens adultos**, isto é, entre 18 e 29 anos.
    - De todo modo, os adolescentes aos quais se cominar medida socioeducativa deverão receber tratamento semelhante, por força do artigo 35, I da Lei do SINASE (princípio da legalidade), que veda a obtenção de tratamento mais gravoso que aquele dedicado aos adultos.

LEI Nº 12.852, DE 5 DE AGOSTO DE 2013 **Art. 4º**

10.2. Também os jovens adultos que cumpram pena no *regime semiaberto* deverão receber oportunidades de estudo e trabalho.

10.3. Percebe-se, portanto, que essa diretriz traz *dois meios* para a reinserção, seja no regime fechado, seja no semiaberto, seja para os jovens já egressos do sistema prisional:

- Educação;
- Trabalho.

## CAPÍTULO II
## DOS DIREITOS DOS JOVENS

### SEÇÃO I
### DO DIREITO À CIDADANIA, À PARTICIPAÇÃO SOCIAL E POLÍTICA E À REPRESENTAÇÃO JUVENIL

**Art. 4º** O jovem tem direito à **participação social e política** e na formulação, execução e avaliação das políticas públicas de juventude.

Parágrafo único. Entende-se por participação juvenil:

I - a inclusão do jovem nos **espaços públicos e comunitários** a partir da sua concepção como pessoa ativa, livre, responsável e digna de ocupar uma posição central nos processos políticos e sociais;

II - o **envolvimento ativo** dos jovens em ações de políticas públicas que tenham por objetivo o próprio benefício, o de suas comunidades, cidades e regiões e o do País;

III - a **participação individual e coletiva** do jovem em ações que contemplem a defesa dos direitos da juventude ou de temas afetos aos jovens; e

IV - a **efetiva inclusão** dos jovens nos espaços públicos de decisão com direito a voz e voto.

1. Iniciando o segundo capítulo do primeiro título, que vai esmiuçar os **direitos dos jovens em espécie**, está o **direito à participação social e política**.

    1.1. Repare que o estímulo à ampla participação é uma diretriz das políticas públicas de juventude (artigo 3º, II). Percebe-se, então, que o Estatuto é um *diploma inclusivo e participativo*.

    1.2. A referida participação se dará em *três momentos* das políticas públicas:

    - Formulação;
    - Execução;

- Avaliação.

2. O artigo prevê expressamente o *conteúdo* do direito à participação social e política, nos incisos do parágrafo único:

   2.1. Inclusão do jovem nos *espaços públicos e comunitários*. Isso porque o jovem deve ser compreendido como uma pessoa com quatro características básicas:
   - Ativa;
   - Livre;
   - Responsável;
   - Digna de ocupar uma posição central nesses processos políticos e sociais.

   2.2. **Envolvimento ativo** do jovem nas ações que tenham como objetivo o benefício:
   - Dos próprios jovens;
   - Da sua comunidade;
   - Da sua cidade;
   - Da sua região;
   - De seu país.

   2.3. A *participação* deverá ser *individual* e *coletiva*, envolvendo:
   - Direitos dos jovens;
   - Temas relacionados aos jovens.

   2.4. A *inclusão efetiva* dos jovens nos processos públicos decisórios, com:
   - Direito a voz (expressar sua opinião);
   - Direito ao voto (fazer contar sua opinião).

3. Esse direito de participação (bem como suas ferramentas) está relacionado a outros dois direitos, destacados no nome da seção: o **direito à cidadania** e o direito **à representação juvenil**.

> Art. 5º A **interlocução** da juventude **com o poder público** pode realizar-se por intermédio de associações, redes, movimentos e organizações juvenis.

> Parágrafo único. É dever do poder público incentivar a **livre associação** dos jovens.

1. O direito seguinte é o de **livre associação** dos jovens.

    1.1. O Estatuto destaca que o poder público tem o *dever* de o incentivar.

2. O artigo busca fortalecer a interlocução do jovem com o poder público.

    2.1. Para tanto, o legislador reconhece que a associação com outros jovens seja uma ferramenta importante, podendo se dar, concretamente por meio de:

    - Associações;
    - Redes;
    - Movimentos;
    - Organizações juvenis.

> **Art. 6º** São **diretrizes** da **interlocução institucional** juvenil:
>
> I - a definição de *órgão governamental específico* para a gestão das políticas públicas de juventude;
>
> II - o incentivo à criação de *conselhos de juventude* em todos os entes da Federação.
>
> Parágrafo único. Sem prejuízo das atribuições do órgão governamental específico para a gestão das políticas públicas de juventude e dos conselhos de juventude com relação aos direitos previstos neste Estatuto, cabe ao órgão governamental de gestão e aos conselhos dos direitos da criança e do adolescente a interlocução institucional com *adolescentes de idade entre 15 (quinze) e 18 (dezoito) anos*.

1. Para que seja possível essa interlocução da juventude com o poder público (**interlocução institucional**), tornada obrigatória pelo artigo anterior, estão previstas **diretrizes**.

    1.1. Basicamente, estão previstos dois instrumentos:

    - A definição de um ***órgão governamental específico*** para gerir as políticas públicas de juventude, buscadas pelo Estatuto;
    - O incentivo à criação de **conselhos de juventude** em todos os entes federativos (União, Estados, Distrito Federal e, também, Municípios).

1.2. **Exceção**: quanto aos *jovens adolescentes*, a *prioridade* para a interlocução institucional será:

- Do órgão governamental de gestão dos direitos da criança e do adolescente;
- Dos conselhos dos direitos da criança e do adolescente.

## SEÇÃO II
## DO DIREITO À EDUCAÇÃO

**Art. 7º** O jovem tem direito à **educação de qualidade**, com a garantia de **educação básica, obrigatória e gratuita**, inclusive para os que a ela não tiveram acesso na idade adequada.

§ 1º A educação básica será ministrada em **língua portuguesa**, assegurada aos jovens indígenas e de povos e comunidades tradicionais a utilização de suas línguas maternas e de processos próprios de aprendizagem.

§ 2º É dever do Estado oferecer aos jovens que não concluíram a educação básica programas na modalidade da educação de jovens e adultos, adaptados às necessidades e especificidades da juventude, inclusive no período noturno, ressalvada a legislação educacional específica.

§ 3º São assegurados aos jovens com **surdez** o uso e o ensino da Língua Brasileira de Sinais - LIBRAS, em todas as etapas e modalidades educacionais.

§ 4º É assegurada aos jovens com **deficiência** a inclusão no ensino regular em todos os níveis e modalidades educacionais, incluindo o atendimento educacional especializado, observada a acessibilidade a edificações, transportes, espaços, mobiliários, equipamentos, sistemas e meios de comunicação e assegurados os recursos de tecnologia assistiva e adaptações necessárias a cada pessoa.

§ 5º A Política Nacional de Educação no Campo contemplará a ampliação da oferta de educação para os **jovens do campo,** em todos os níveis e modalidades educacionais.

1. O segundo grande direito contemplado é o **direito à educação de qualidade**. Existe essa locução adjetiva, que torna a obrigação estatal mais exigente, bem como possibilita a pretensão para a melhora da qualidade do ensino já disponível.

2. Existe especial menção à *educação básica*, que deve ser disponibilizada de forma *gratuita*, sendo *obrigatória.*

2.1. A educação básica, na forma do artigo 4º, I, da Lei de Diretrizes e Bases da Educação Nacional (lei nº 9.394/96), abrange a educação **dos 4 aos 17 anos**, incluindo a pré-escola, o ensino fundamental e o ensino médio.

- Art. 4º, I da lei nº 9.394/96: "Art. 4º O dever do Estado com educação escolar pública será efetivado mediante a garantia de: I - *educação básica* obrigatória e gratuita dos 4 (quatro) aos 17 (dezessete) anos de idade, organizada da seguinte forma: a) pré-escola; b) ensino fundamental; c) ensino médio".

2.2. O fato de o jovem não ter tido acesso ou não ter usufruído da educação básica na idade regular (antes dos 17 anos) não o impede de obtê-la tardiamente. Para tanto, haverá **dever de educar** *do Estado* de adaptar a disponibilidade às necessidades e especificidades da juventude, oferecendo, por exemplo, aulas no *período noturno* (§2º).

2.3. A **língua portuguesa** será a utilizada nas aulas. A exceção é o uso de línguas maternas e processos próprios de aprendizagem em três casos (§1º):

- Jovens **indígenas**;
- Jovens de **povos tradicionais**;
- Jovens de **comunidades tradicionais**.

3. A proposta inclusiva do Estatuto inclui, ainda, a educação especializada e própria dos **jovens com surdez**, que tem assegurados:

    3.1. O uso e;

    3.2. O ensino da Língua Brasileira de Sinais (LIBRAS).

4. Os **jovens com deficiência** receberão tratamento inclusivo em todos os níveis de educação. Isso engloba diversas medidas, como:

    4.1. Atendimento educacional especializado (com todas as adaptações necessárias *a cada pessoa*);

    - Esse aspecto afasta qualquer discurso que enxergue o fenômeno sob uma perspectiva macroscópica, pois a lei se preocupou com cada jovem, individualmente.
    - O artigo 10 traz mais regramentos para o ensino do jovem com deficiência (gratuito, especializado, na rede regular).

4.2. Acessibilidade nas edificações (e espaços afins onde é ministrada a educação);

4.3. Acessibilidade no transporte (de modo a garantir o efetivo acesso à educação);

4.4. Estrutura própria (com sistema de comunicação especial, por exemplo);

4.5. Uso de tecnologias assistivas.

- Tecnologia assistiva (*assistive technology*) são os recursos e serviços que ampliem habilidades funcionais de pessoas com deficiência, permitindo independência e inclusão.

- O Comitê de Ajudas Técnicas (CAT) brasileiro, previsto na Portaria 142 de 2006, estabelecido pelo Decreto nº 5.296/04 no âmbito da Secretaria Especial dos Direitos Humanos da Presidência, define assim a tecnologia assistiva:

> "Tecnologia Assistiva é uma área do conhecimento, de característica interdisciplinar, que engloba produtos, recursos, metodologias, estratégias, práticas e serviços que objetivam promover a funcionalidade, relacionada à atividade e participação de pessoas com deficiência, incapacidades ou mobilidade reduzida, visando sua autonomia, independência, qualidade de vida e inclusão social"

5. O último grupo específico a que faz menção o artigo é o dos ***jovens do campo***, que deverão receber todos os níveis e modalidades educacionais.

    5.1. O atendimento dessa necessidade fica a cargo da Política Nacional de Educação no Campo, criada pelo Decreto nº 7.352/2010[4], com princípios próprios.

> **Art. 8º** O jovem tem direito à **educação superior**, em instituições públicas ou privadas, com variados graus de abrangência do saber ou especialização do conhecimento, observadas as regras de acesso de cada instituição.
>
> § 1º É assegurado aos jovens negros, indígenas e alunos oriundos da escola pública o acesso ao ensino superior nas instituições públicas por meio de **políticas afirmativas**, nos termos da lei.

---

4. A íntegra do decreto se encontra em anexo.

§ 2º O poder público promoverá programas de expansão da oferta de educação superior nas **instituições públicas**, de financiamento estudantil e de bolsas de estudos nas **instituições privadas**, em especial para jovens com deficiência, negros, indígenas e alunos oriundos da escola pública.

1. Após garantir o acesso à educação básica, o Estatuto se volta para a **educação superior**.

    1.1. Trata-se de *direito do jovem*, *desde que observadas as regras de acesso* de cada instituição. Portanto, o jovem deverá se submeter ao concurso de acesso (vestibular), quando assim for previsto pela universidade/faculdade.

    1.2. O direito abrange os mais variados graus do saber e de especialização, ou seja, em diversos cursos e até em pós-graduações.

2. O Estatuto menciona as *instituições públicas* e as *privadas*, apresentando meio diversos para cada uma:

    2.1. Nas instituições *públicas*, é previsto o acesso facilitado por meio de *políticas afirmativas* (um exemplo são as cotas), *nos termos da lei* (logo, deve haver regulamentação específica complementar ao Estatuto), para os jovens:

    - Negros;
    - Indígenas;
    - Que foram alunos da escola pública.

    2.2. No caso das instituições *privadas*, o poder público ofertará vagas, através de programas de *financiamento* e de **bolsas de estudo**, para os jovens:

    - Negros;
    - Indígenas;
    - Que foram alunos da escola pública;
    - *Deficientes* (esses previstos apenas, ao menos expressamente, para as instituições privadas – contudo, o §4º do artigo anterior garante seu acesso ao *ensino regular* em todos os níveis, o que abarca o ensino público superior).

**Art. 9º** O jovem tem direito à **educação profissional e tecnológica**, articulada com os diferentes níveis e modalidades de educação, ao **trabalho**, à **ciência** e à **tecnologia**, observada a legislação vigente.

1. É previsto, ainda, o direito **à educação profissional** e **ao trabalho**, como forma de mais rápido acesso ao mercado de trabalho, com cursos profissionalizantes e afins.

2. Além disso, é garantido o direito **à educação tecnológica**, **à ciência** e **à tecnologia**, como modelos mais modernos de educação e formação.

> **Art. 10.** É dever do Estado assegurar ao **jovem com deficiência** o atendimento educacional especializado **gratuito**, preferencialmente, **na rede regular** de ensino.

1. Complementando o regimento da educação do **jovem com deficiência**, o Estatuto garante três aspectos:

   1.1. Ensino *especializado* (adaptado às necessidades do jovem);

   1.2. Ensino *gratuito* (sem qualquer custo a mais pelos esforços envidados);

   1.3. *Preferencialmente*, na **rede regular** de ensino.

   - Ou seja, a menos que não haja disponibilidade e possibilidade de inserção na rede regular de ensino, o jovem com deficiência não receberá educação afastado dos demais.

2. É válido observar que ambos os estatutos (da juventude e da primeira infância) utilizam a nomenclatura jovem/criança/adolescente *com deficiência*, em vez de *deficiente* ou *portadores de deficiência*.

   2.1. Trata-se de cuidado terminológico para evitar o aumento da segregação.

   2.2. O termo deficiente colabora na segregação e estigmatização. Foi o primeiro termo eleito pela ONU (em 1981), pelo seu Ato Internacional e da Década das pessoas Deficientes.

   2.3. O termo *portadores de deficiência* (surgido no meio da década de 1980) dá a impressão de que seria possível se desvencilhar da deficiência em algum momento, ou quando a pessoa quiser, remetendo, ainda, a algo temporário.

   2.4. Já a terminologia *pessoa com deficiência* (meados da década de 1990) é a mais apropriada, por colocar a pessoa à frente de sua deficiência, sendo melhor que expressão "pessoas com necessidades especiais", haja vista que qualquer pessoa, com deficiência ou não, possui necessidades.

**Art. 11.** O direito ao **programa suplementar de transporte escolar** de que trata o art. 4º da Lei nº 9.394, de 20 de dezembro de 1996, será *progressivamente estendido* ao jovem estudante do ensino fundamental, do ensino médio e da educação superior, no campo e na cidade.

§ 1º (VETADO).

§ 2º (VETADO).

1. A Lei de Diretrizes e Bases da Educação Nacional fala no dever do Estado em fornecer todo o necessário para o estudante, dentro do que se encontra o **transporte escolar** (artigo 4º, VIII), por meio de *programa suplementar*.

- Art. 4º, VIII da Lei nº 9.394/96: "Art. 4º O dever do Estado com educação escolar pública será efetivado mediante a garantia de: VIII - atendimento ao educando, em todas as etapas da educação básica, por meio de programas suplementares de material didático-escolar, *transporte*, alimentação e assistência à saúde".

1.1. O Estatuto garante a *progressiva extensão* (evolução gradual, porém sempre em crescimento) desse transporte aos jovens estudantes, em qualquer nível de estudo:

- Fundamental;
- Médio;
- Superior.

1.2. Bem como em qualquer espaço:

- Campo (rural);
- Cidade (urbano).

2. Os parágrafos previam a *meia-passagem* nos transportes *interestaduais*, *em qualquer tipo de viagem* (não apenas para o estudo), para os *jovens estudantes* (de 15 a 29 anos).

2.1. O custeio se daria com recursos orçamentários específicos extratarifários.

2.2. Os Ministérios da Fazenda, do Planejamento, Orçamento e Gestão e dos Transportes opinaram pelo veto, razão pelo qual a Presidência vetou tais dispositivos, nos seguintes termos:

- "Tal como redigida, a proposta teria um *impacto estimado de mais de R$ 8.000.000.000,00* (oito bilhões de reais) sobre o sistema de transporte coletivo interestadual de passageiros, que teria que ser financiado pelo orçamento da União ou pelas próprias tarifas do sistema. Com relação à primeira hipótese, o *texto não previu as medidas necessárias para compensar* o impacto, violando o disposto na Lei de Responsabilidade Fiscal e colocando em risco outros direitos sociais que poderiam perder recursos com a implantação da nova medida. No que tange ao financiamento pelo próprio sistema, isso implicaria uma elevação substancial em todas as tarifas de transporte interestadual do país, o que significaria que o maior ônus recairia justamente sobre a população de baixa renda, inclusive os jovens pobres que não sejam estudantes. A própria *lei já apresenta outras medidas socialmente mais justas* para assegurar o acesso da juventude ao transporte interestadual, como aquelas previstas em seu *art. 32*, que são voltadas especificamente para os jovens de baixa renda."

> **Art. 12.** É garantida a **participação efetiva** do segmento juvenil, respeitada sua liberdade de organização, nos conselhos e **instâncias deliberativas** de gestão democrática das escolas e universidades.

1. Os jovens, tendo em vista a diretriz de *ampla participação*, deverão ter **participação efetiva** nos locais decisórios no âmbito de sua educação.

    1.1. Por meio de sua livre associação, tais sujeitos poderão se fazer ouvir em todos os níveis de educação, ou seja:

    - Nas escolas;
    - Nas universidades.

> **Art. 13.** As escolas e as universidades deverão formular e implantar medidas de **democratização do acesso e permanência**, inclusive programas de assistência estudantil, ação afirmativa e inclusão social para os jovens estudantes.

1. O dever de **democratizar o acesso e a permanência** na educação se estende às escolas, além das universidades, por esse artigo.

    1.1. Assim, de forma expressa, é previsto o recurso da *ação afirmativa* também nas escolas.

    1.2. Além dele, programas de assistência ao estudante e de inclusão social.

1.3. A obrigação não é apenas de formular as medidas, mas de efetivamente *as implantar*.

> **SEÇÃO III**
> **DO DIREITO À PROFISSIONALIZAÇÃO,**
> **AO TRABALHO E À RENDA**
>
> **Art. 14.** O jovem tem **direito à profissionalização, ao trabalho e à renda**, exercido em condições de liberdade, equidade e segurança, adequadamente remunerado e com proteção social.

1. Após tratar da educação, o Estatuto foca no **direito ao trabalho profissional** (direito à profissionalização) **e remunerado** (direito à renda).

    1.1. É uma medida inclusiva, buscando garantir a almejada autonomia do jovem.

    1.2. O trabalho do jovem deverá gozar de *condições dignas*, em especial com:

    - Liberdade (sem trabalhos forçados);
    - Equidade (justiça na distribuição de tarefas e na remuneração);
    - Segurança (sem exposição a riscos fora dos padrões regulados).

    1.3. O trabalho deverá ser *adequadamente remunerado*, condizendo com o padrão do mercado e com a remuneração de um adulto em tarefa análoga.

    1.4. Além disso, deve haver *proteção social* ao jovem trabalhador, com medidas para permitir que exerça sua profissão livremente e com tranquilidade.

> **Art. 15.** A ação do poder público na **efetivação do direito** do jovem à profissionalização, ao trabalho e à renda contempla a adoção das seguintes **medidas**:
>
> I - promoção de **formas coletivas de organização** para o trabalho, de redes de economia solidária e da livre associação;
>
> II - oferta de **condições especiais de jornada de trabalho** por meio de:
>
> a) compatibilização entre os horários de trabalho e de estudo;
>
> b) oferta dos níveis, formas e modalidades de ensino em horários que permitam a compatibilização da frequência escolar com o trabalho regular;

III - criação de **linha de crédito especial** destinada aos jovens empreendedores;

IV - **atuação estatal preventiva e repressiv**a quanto à exploração e precarização do trabalho juvenil;

V - adoção de políticas públicas voltadas para a promoção do **estágio**, aprendizagem e trabalho para a juventude;

VI - apoio ao jovem **trabalhador rural** na organização da produção da agricultura familiar e dos empreendimentos familiares rurais, por meio das seguintes ações:

a) estímulo à produção e à *diversificação de produtos*;

b) fomento à *produção sustentável* baseada na agroecologia, nas agroindústrias familiares, na integração entre lavoura, pecuária e floresta e no extrativismo sustentável;

c) investimento em *pesquisa de tecnologias* apropriadas à agricultura familiar e aos empreendimentos familiares rurais;

d) estímulo à *comercialização direta* da produção da agricultura familiar, aos empreendimentos familiares rurais e à formação de cooperativas;

e) garantia de projetos de *infraestrutura básica* de acesso e escoamento de produção, priorizando a melhoria das estradas e do transporte;

f) promoção de programas que favoreçam o *acesso ao crédito, à terra e à assistência técnica rural*;

VII - apoio ao jovem **trabalhador com deficiência**, por meio das seguintes ações:

a) estímulo à formação e à qualificação profissional em ambiente inclusivo;

b) oferta de condições especiais de jornada de trabalho;

c) estímulo à inserção no mercado de trabalho por meio da condição de aprendiz.

1. O Estatuto, buscando *efetivar* o direito ao trabalho, traz **medidas específicas**.

    1.1. A primeira medida é o estímulo a *formas coletivas de organização* para o trabalho, bem como da *livre associação*, já prevista em outros dispositivos.

    - Além disso, busca-se promover *redes de economia solidária*, com mútuo auxílio para que os jovens possam exercer seu labor e empreender.

LEI Nº 12.852, DE 5 DE AGOSTO DE 2013 **Art. 15**

1.2. Também é prevista a ***jornada de trabalho com condições especiais***, de modo a possibilitar a *compatibilização com o estudo*, através de:

- Horários especiais de trabalho e estudo;
- Modalidades de estudo que facilitem a conciliação com o trabalho do jovem.

1.3. Para os ***jovens empreendedores***, está prevista a criação de ***linha de crédito especial***, facilitando a obtenção de recursos para o início do negócio e sua continuidade.

1.4. O poder público deverá desenhar *políticas públicas* para promover o trabalho jovem, incluindo:

- Estágios;
- Aprendizagem;
- Trabalho.

1.5. São previstas medidas específicas para os ***jovens trabalhadores rurais***:

- Estimular a produção e a *diversificação dos produtos*;
- Fomento (estímulo, financeiro inclusive) à *produção sustentável*, baseado em quatro pilares: (i) agroecologia; (ii) agroindústrias familiares; (iii) integração entre lavoura, pecuária e floresta; (iv) extrativismo sustentável.
- Investimento em *tecnologias*;
- Comercialização direta da produção;
- Empreendimentos familiares rurais;
- Cooperativas;
- Projetos de *infraestrutura básica* para acesso e escoamento da produção (com melhoria específica das estradas e do transporte).
- Facilitação do acesso ao *crédito, à terra e à assistência técnica*.

1.6. Por fim, quanto aos ***jovens com deficiência***, o Estatuto prevê três ações:

- Estímulo ao *ambiente inclusivo* (a exemplo da educação, também o trabalho dos jovens com deficiência deve se dar em ambiente comum com os demais);
- *Jornada de trabalho* especial;
- Inserção no mercado como *aprendizes*.

89

> **Art. 16.** O direito à profissionalização e à proteção no trabalho dos **adolescentes** com idade entre 15 (quinze) e 18 (dezoito) anos de idade será regido pelo disposto na Lei nº 8.069, de 13 de julho de 1990 - Estatuto da Criança e do Adolescente, e em leis específicas, não se aplicando o previsto nesta Seção.

1. **Exceção**: o trabalho dos *jovens adolescentes* se rege pelo ECA e por leis específicas, *e não pelo Estatuto da Juventude*.

    1.1. Outros dispositivos do Estatuto reafirmam essa ideia (artigo 22, parágrafo único e artigo 36, parágrafo único).

> **SEÇÃO IV**
> **DO DIREITO À DIVERSIDADE E À IGUALDADE**
>
> **Art. 17.** O jovem tem **direito à diversidade** e **à igualdade** de direitos e de oportunidades e **não será discriminado** por motivo de:
>
> I - etnia, raça, cor da pele, cultura, origem, idade e sexo;
>
> II - orientação sexual, idioma ou religião;
>
> III - opinião, deficiência e condição social ou econômica.

1. A quarta seção é dedicada ao **direito à diversidade**, que está intrinsecamente ligado ao **direito à não discriminação**. Além desses, tem-se o **direito à igualdade** *de direitos e de oportunidades*.

    1.1. Em última análise, o conteúdo dessas três garantias se confunde em grande parte. A ideia é que nenhum aspecto externo do jovem pode condicionar seu acesso a direitos e oportunidades (e seu patrimônio de direitos subjetivos) ou o exercício desses direitos.

    1.2. O artigo elenca, em rol amplo, a seguinte lista de motivos que não autorizam tratamento discriminatório:

| |
|---|
| Etnia |
| Raça |
| Cor da pele |
| Origem |
| Cultura |
| Religião |

LEI Nº 12.852, DE 5 DE AGOSTO DE 2013 — **Art. 18**

> Idioma
> Idade
> Sexo
> Orientação sexual
> Opinião
> Deficiência
> Condição social
> Condição econômica

1.3. Imagina-se que tal rol seja exemplificativo, ampliando-se sempre que existir discriminação por aspecto pessoal do jovem, de caráter subjetivo, sem justificativa plausível para tanto, o que ofende a isonomia.

**Art. 18.** A ação do poder público na efetivação do direito do jovem à diversidade e à igualdade contempla a adoção das seguintes **medidas**:

I - adoção, nos âmbitos federal, estadual, municipal e do Distrito Federal, de **programas governamentais** destinados a assegurar a igualdade de direitos aos jovens de todas as raças e etnias, independentemente de sua origem, relativamente à educação, à profissionalização, ao trabalho e renda, à cultura, à saúde, à segurança, à cidadania e ao acesso à justiça;

II - **capacitação dos professores** dos ensinos fundamental e médio para a aplicação das diretrizes curriculares nacionais no que se refere ao enfrentamento de todas as formas de discriminação;

III - **inclusão de temas** sobre questões étnicas, raciais, de deficiência, de orientação sexual, de gênero e de violência doméstica e sexual praticada contra a mulher na formação dos profissionais de educação, de saúde e de segurança pública e dos operadores do direito;

IV - observância das diretrizes curriculares para a **educação indígena** como forma de preservação dessa cultura;

V - inclusão, nos **conteúdos curriculares**, de informações sobre a **discriminação** na sociedade brasileira e sobre o direito de todos os grupos e indivíduos a tratamento igualitário perante a lei; e

VI - inclusão, nos conteúdos curriculares, de temas relacionados à **sexualidade**, respeitando a diversidade de valores e crenças.

1. Além da postura negativa esperada do poder público, no artigo anterior (*dever de não discriminar*), espera-se uma postura positiva, neste artigo,

no sentido de *atuar* para *efetivar* o direito à diversidade e à igualdade, por meio de diversas **medidas** elencadas.

1.1. A primeira medida é a adoção de **programas governamentais** que assegurem a igualdade de direitos, contemplando diversas áreas, como:

- Educação;
- Profissionalização;
- Trabalho;
- Renda;
- Cultura
- Saúde;
- Segurança;
- Cidadania;
- Acesso à justiça.

1.2. Segunda medida é a **capacitação de professores** de ensinos *fundamental e médio* para enfrentamento da discriminação, na forma como estabelecida pelas *diretrizes curriculares nacionais*. Haverá, pois, uma instrução central a ser seguida, oriunda do Ministério da Educação (MEC), as Diretrizes Curriculares Nacionais Gerais para a Educação Básica.

1.3. Terceira medida é a **inclusão de temas na formação dos profissionais** da *educação*, da *saúde*, da *segurança pública* e de *operadores do direito*:

| Profissionais a serem formados (áreas): | Temas a serem incluídos na formação: |
|---|---|
| Educação | Questões étnicas; |
| Saúde | Raciais; |
| Segurança pública | Deficiência; |
| Operadores do direito | Orientação sexual; |
|  | Gênero; |
|  | Violência doméstica e sexual contra a mulher. |

1.4. A quarta, a quinta e a sexta medidas passam por **questões curriculares**:

- Deverá se *observar* as diretrizes curriculares para a educação *indígena*;
- Deverá haver *inclusão*, nos currículos, de informações sobre a discriminação no Brasil e o direito de todos serem tratados igualmente perante a lei;

- Deverá haver *inclusão*, nos currículos, de temas ligados à sexualidade, respeitando valores e crenças.

> **SEÇÃO V**
> **DO DIREITO À SAÚDE**
> **Art. 19.** O jovem tem **direito à saúde** e **à qualidade de vida**, considerando suas especificidades na dimensão da prevenção, promoção, proteção e recuperação da saúde de forma integral.

1. A quinta seção traz o **direito à saúde**, de forma ampla, em diversos momentos:

    1.1. Prevenção;

    1.2. Promoção;

    1.3. Proteção;

    1.4. Recuperação.

2. Além dele, existe menção ao **direito à qualidade de vida**, que, por sua topografia, presume-se dizer respeito ao aspecto de saúde de uma vida de qualidade, isto é, de uma *vida saudável*.

> **Art. 20.** A **política pública** de atenção à saúde do jovem será desenvolvida em consonância com as seguintes **diretrizes**:
>
> I - **acesso universal e gratuito** ao Sistema Único de Saúde - SUS e a serviços de saúde humanizados e de qualidade, que respeitem as especificidades do jovem;
>
> II - **atenção integral** à saúde, com especial ênfase ao atendimento e à prevenção dos agravos mais prevalentes nos jovens;
>
> III - desenvolvimento de **ações articuladas** entre os serviços de saúde e os estabelecimentos de ensino, a sociedade e a família, com vistas à prevenção de agravos;
>
> IV - garantia da **inclusão de temas** relativos ao consumo de álcool, tabaco e outras drogas, à saúde sexual e reprodutiva, com enfoque de gênero e dos direitos sexuais e reprodutivos nos projetos pedagógicos dos diversos níveis de ensino;
>
> V - reconhecimento do **impacto da gravidez** planejada ou não, sob os aspectos médico, psicológico, social e econômico;
>
> VI - **capacitação** dos profissionais de saúde, em uma perspectiva multiprofissional, para lidar com temas relativos à saúde sexual e reprodutiva

> dos jovens, inclusive com deficiência, e ao abuso de álcool, tabaco e outras drogas pelos jovens;
>
> VII - habilitação dos professores e profissionais de saúde e de assistência social para a identificação dos problemas relacionados ao uso abusivo e à dependência de **álcool, tabaco e outras drogas** e o devido encaminhamento aos serviços assistenciais e de saúde;
>
> VIII - valorização das **parcerias** com instituições da sociedade civil na abordagem das questões de prevenção, tratamento e reinserção social dos usuários e dependentes de álcool, tabaco e outras drogas;
>
> IX - **proibição de propagandas de bebidas** contendo qualquer teor alcoólico com a participação de pessoa com menos de 18 (dezoito) anos de idade;
>
> X - veiculação de **campanhas educativas** relativas ao álcool, ao tabaco e a outras drogas como causadores de dependência; e
>
> XI - articulação das instâncias de saúde e justiça na prevenção do **uso e abuso de álcool, tabaco e outras drogas**, inclusive esteróides anabolizantes e, especialmente, crack.

1. O Estatuto prevê que haverá uma **política pública** *de atenção à saúde do jovem*, a qual deverá seguir **diretrizes** elencadas.

2. Algumas diretrizes são decorrentes do próprio sistema constitucional da saúde, com respeito a *especificidades dos jovens*:

    2.1. Inciso I: *acesso integral e gratuito* ao SUS, respeitando as especificidades dos jovens;

    2.2. Inciso II: *atenção integral* à saúde, com ênfase nos problemas mais típicos dos jovens.

3. Um segundo grupo de diretrizes busca *articular a sociedade e os esforços* em torno da melhoria do trato da saúde juvenil:

    3.1. Inciso III: *ações articuladas* entre serviços de saúde, ensino, sociedade e família, especialmente com viés *preventivo*.

    3.2. Inciso IV: *inclusão de temas no ensino*, como álcool, tabaco, drogas, saúde sexual, reprodutiva, gênero, direitos sexuais.

4. O terceiro grupo tratará de temas especialmente delicados, com diretrizes específicas:

4.1. Inciso V: conhecimento do *impacto da gravidez*, planejada ou não, nos aspectos médicos, mas também psicológicos, sociais e econômicos.

4.2. Inciso VI: ***capacitação multiprofissional*** (diálogo com outras áreas do saber) dos profissionais da saúde, acerca desses temas delicados (drogas, questões sexuais).

4.3. Questões de álcool, tabaco e demais drogas:

- Inciso VIII: ***parcerias*** com instituições da sociedade civil;

- Inciso VII: ***habilitação dos profissionais da saúde*** sobre o uso e a dependência de drogas, tabaco e álcool, e o encaminhamento para serviços assistenciais;

- Inciso IX: ***proibição de propagandas de bebidas alcoólicas em que participem menores de 18 anos***;

- Inciso X: ***campanhas educativas*** quanto ao álcool, tabaco e drogas como causadores de *dependência*;

- Inciso XI: ***articulação entre saúde e justiça*** quanto à *prevenção* do *uso e abuso* do álcool, tabaco, drogas (*especialmente **crack***), *inclusive **anabolizantes***.

## SEÇÃO VI
## DO DIREITO À CULTURA

**Art. 21.** O jovem tem **direito à cultura**, incluindo a livre criação, o acesso aos bens e serviços culturais e a participação nas decisões de política cultural, **à identidade e diversidade cultural** e **à memória social**.

1. A sexta seção tratará do **direito à cultura**, trazendo, no *caput* do artigo 21, um pouco de seu **conteúdo**:

    1.1. Livre criação: estímulo à criatividade juvenil;

    - Trata-se de um reflexo do *princípio da criatividade* (artigo 2º, III).

    1.2. Acesso aos bens e serviços culturais: igualdade de acesso com outras parcelas do corpo social;

    1.3. Participação nas decisões de política cultural: possibilidade de o jovem se manifestar a respeito dos próximos passos a serem dados em temas culturais.

    - Trata-se um reflexo do *princípio da participação social* (artigo 2º, II) e da diretriz da *ampla participação* (artigo 3º, II).

2. É garantido também o **direito à identidade e diversidade cultural**, isto é, o reconhecimento de cada jovem como indivíduo pertencente a um determinado grupo cultural.

3. Por fim, o artigo 21 assegura o **direito à memória social**, com a frequente recordação das origens próximas e remotas da cultura de cada parcela da sociedade.

> **Art. 22.** Na consecução dos direitos culturais da juventude, **compete ao poder público**:
>
> I - garantir ao jovem a *participação no processo* de produção, reelaboração e fruição dos bens culturais;
>
> II - propiciar ao jovem o *acesso aos locais e eventos* culturais, mediante *preços reduzidos*, em âmbito nacional;
>
> III - *incentivar os movimentos* de jovens a desenvolver atividades artístico-culturais e ações voltadas à preservação do *patrimônio histórico*;
>
> IV - valorizar a *capacidade criativa* do jovem, mediante o desenvolvimento de programas e projetos culturais;
>
> V - propiciar ao jovem o *conhecimento da diversidade* cultural, regional e étnica do País;
>
> VI - promover programas educativos e culturais voltados para a problemática do jovem nas *emissoras de rádio e televisão e nos demais meios* de comunicação de massa;
>
> VII - promover a *inclusão digital* dos jovens, por meio do acesso às novas tecnologias da informação e comunicação;
>
> VIII - assegurar ao *jovem do campo* o direito à produção e à fruição cultural e aos equipamentos públicos que valorizem a cultura camponesa; e
>
> IX - garantir ao *jovem com deficiência* acessibilidade e adaptações razoáveis.
>
> Parágrafo único. A aplicação dos incisos I, III e VIII do caput deve observar a legislação específica sobre o direito à profissionalização e à proteção no trabalho dos adolescentes.

1. O Estatuto impõe certas **competências ao poder público** para garantir os direitos culturais da juventude.

    1.1. Busca-se *garantir a participação* do jovem na produção, reelaboração e fruição de bens culturais. Também o *jovem do campo* possui o direito à produção.

1.2. Incentiva-se os *movimentos de jovens* a desenvolver **artístico-culturais**, bem como ações voltadas a preservar o **patrimônio histórico**.

- Essas iniciativas (incisos I, III e VIII) devem respeitar as leis específicas sobre a profissionalização e a proteção do trabalho dos *adolescentes*, já que existirá *produção* por parte do jovem e eventualmente *trabalho* (na preservação do patrimônio).

1.3. O jovem deverá ter **acesso** a locais e **a eventos culturais**, *por meio de preços reduzidos*, em todo o país.

1.4. Deve-se valorizar a **capacidade criativa** do jovem, com programas culturais.

1.5. O jovem deverá ganhar **conhecimento sobre a diversidade** do *Brasil*, sob os aspectos cultural, regional e étnico.

1.6. Deverão ser usados **meios de comunicação de massa** (televisão, rádio e todos os outros, *inclusive digitais*) para promover programas educativos e culturais.

1.7. Além disso, os jovens deverão ser **incluídos digitalmente**, possibilitando-se o acesso às novas tecnologias.

1.8. O **jovem do campo** também goza de direito à produção e à fruição cultural, devendo haver *valorização da cultura camponesa*.

- O direito à produção do jovem do campo também deve respeitar as leis específicas sobre profissionalização e proteção do trabalho dos adolescentes.

1.9. Por fim, o **jovem com deficiência** estará incluído nessas políticas públicas, que deverão prever *meios de acessibilidade e as adaptações necessárias*.

**Art. 23.** É assegurado aos jovens de até 29 (vinte e nove) anos pertencentes a **famílias de baixa renda** e aos **estudantes**, na forma do *regulamento*, o acesso a salas de cinema, cineclubes, teatros, espetáculos musicais e circenses, eventos educativos, esportivos, de lazer e entretenimento, em todo o território nacional, promovidos por quaisquer entidades e realizados em estabelecimentos públicos ou particulares, mediante pagamento da **metade do preço** do ingresso cobrado do público em geral.

§ 1º **Terão direito** ao benefício previsto no caput os estudantes regularmente matriculados nos níveis e modalidades de educação e ensino previstos no Título V da Lei nº 9.394, de 20 de dezembro de 1996 - Lei de Diretrizes e Bases da Educação Nacional, que comprovem sua condição de discente, mediante apresentação, no momento da aquisição do ingresso e na portaria do local de realização do evento, da Carteira de Identificação Estudantil - **CIE**.

§ 2º A CIE será expedida preferencialmente pela Associação Nacional de Pós-Graduandos, pela União Nacional dos Estudantes, pela União Brasileira dos Estudantes Secundaristas e por entidades estudantis estaduais e municipais a elas filiadas.

§ 3º É garantida a **gratuidade** na expedição da CIE para *estudantes pertencentes a famílias de baixa renda*, nos termos do regulamento.

§ 4º As entidades mencionadas no § 2º deste artigo deverão tornar disponível, para eventuais consultas pelo poder público e pelos estabelecimentos referidos no caput, banco de dados com o nome e o número de registro dos estudantes portadores da Carteira de Identificação Estudantil, expedida nos termos do § 3º deste artigo.

§ 5º A CIE terá **validade** até o dia 31 de março do ano subsequente à data de sua expedição.

§ 6º As entidades mencionadas no § 2º deste artigo são obrigadas a manter o documento comprobatório do vínculo do aluno com o estabelecimento escolar, pelo mesmo prazo de validade da respectiva Carteira de Identificação Estudantil.

§ 7º Caberá aos órgãos públicos competentes federais, estaduais, municipais e do Distrito Federal a **fiscalização** do cumprimento do disposto neste artigo e a aplicação das sanções cabíveis, nos termos do regulamento.

§ 8º Os benefícios previstos neste artigo **não incidirão sobre** os eventos esportivos de que tratam as Leis nos 12.663, de 5 de junho de 2012, e 12.780, de 9 de janeiro de 2013.

§ 9º **Considera-se de baixa renda**, para os fins do disposto no caput, a família inscrita no Cadastro Único para Programas Sociais do Governo Federal - CadÚnico cuja *renda mensal seja de até 2 (dois) salários mínimos*.

§ 10. A concessão do benefício da meia-entrada de que trata o caput é **limitada a 40%** (quarenta por cento) do total de ingressos disponíveis para cada evento.

1. O artigo 23 traz o famoso **direito ao benefício da meia-entrada** (pagamento de metade do preço cobrado do público em geral).

    1.1. **Beneficiários (**extensão subjetiva**)**: o direito abarca os jovens:

- De *famílias de baixa renda* (§9º: aquelas inscritas no Cadastro Único para Programas Sociais do Governo Federal *e que* possuem renda mensal de *até 2 salários mínimos*);
- *Estudantes* (§1º).

1.2. **Objeto** (extensão objetiva): o direito abarca *eventos educativos, esportivos, de lazer e de entretenimento* promovidos por *qualquer entidade*, em espaço *público ou privado*. Citam-se especificamente:

- Cinema (e cineclubes);
- Teatro;
- Espetáculo musical;
- Circos.

1.3. O artigo 2º, do Decreto 8.537/15, que regulamenta o benefício, esclarece o conceito de eventos artístico-culturais e esportivos, exigindo que haja *cobrança de ingresso*.

- Art. 2º, VII do Decreto nº 8.537/15: "Art. 2º Para os efeitos deste decreto, considera-se: VII - **eventos artístico-culturais e esportivos** - exibições em cinemas, cineclubes e teatros, espetáculos musicais, de artes cênicas e circenses, eventos educativos, esportivos, de lazer e de entretenimento, promovidos por quaisquer entidades e realizados em estabelecimentos públicos ou particulares *mediante cobrança de ingresso*".

1.4. Existem **exceções** quanto aos eventos, em que não haveria disponibilização desse benefício (§8º):

- Copa das Confederações de 2013;
- Copa do Mundo de 2014;
- Jornada Mundial da Juventude de 2013;
- Jogos Olímpicos de 2016;
- Jogos Paraolímpicos de 2016.

1.5. **Extensão territorial**: o direito abarca todo o território nacional.

1.6. Existe um **limite** para o benefício de 40% dos ingressos disponibilizados (§10). Ou seja, vendidos todos os 40% de ingresso de meia-entrada para estudantes e jovens de família de baixa renda, só será possível adquirir ingressos da maneira ordinária, pagando preço comum.

2. Para que alguém seja considerado **estudante**, para fins de meia entrada, deve:

   2.1. *Estar matriculado* nos níveis e modalidades de educação e ensino previstos na Lei de Diretrizes e Bases da Educação Nacional (*educação básica, profissionalizante ou superior, inclusive com pós-graduações e extensões*);

   2.2. *Comprovar* essa situação com a apresentação da Carteira de Identificação Estudantil (*CEI*), em dois momentos: na compra e na portaria do evento.

   - A CEI tem validade até o dia 31/03 do ano seguinte da expedição (§5º).

   - A CEI é expedida preferencialmente pelas entidades previstas no §2º (Associação Nacional de Pós-Graduandos, pela União Nacional dos Estudantes, pela União Brasileira dos Estudantes Secundaristas e por entidades estudantis estaduais e municipais a elas filiadas).

   - Essas entidades devem manter banco de dados para consultas do poder público e das entidades promotoras dos eventos (§4º). Além disso, pelo prazo de validade da CEI (31/03 do ano seguinte à expedição), devem manter os documentos comprobatórios do vínculo do aluno com o estabelecimento de ensino (§6º).

   - A CEI é expedida *gratuitamente* para os estudantes pertencentes a família de baixa renda (§3º).

3. A **fiscalização** do cumprimento do benefício e a aplicação de sanções decorrentes de eventual descumprimento ficam a cargo dos órgãos públicos competentes (federais, estaduais, municipais e distritais).

   - A emissão fraudulenta ou irregular de carteiras estudantis, além das sanções administrativas e penais (crime de falsidade ideológica), leva à aplicação de sanções específicas do artigo 3º da Lei nº 12.933/2013.

   - Art. 3º da Lei nº 12.933/13: "Art. 3º Caberá aos órgãos públicos competentes federais, estaduais e municipais a fiscalização do cumprimento desta Lei. Parágrafo único. A comprovação da emissão irregular ou fraudulenta de carteiras estudantis acarretará à entidade emissora, conforme o caso, sem prejuízo das sanções administrativas e penais aplicáveis aos responsáveis pela irregularidade ou fraude: I - multa; II - suspensão temporária da autorização para emissão de carteiras estudantis".

4. O benefício, de resto, é esmiuçado em **regulamento (Decreto nº 8.537/2015)**, encontrado no anexo no livro.
   - Observação: a vigência do decreto iniciou-se no dia 1º de dezembro de 2015.

> **Art. 24.** O poder público destinará, no âmbito dos respectivos orçamentos, recursos financeiros para o **fomento dos projetos** culturais destinados aos jovens e por eles produzidos.

1. Exsurge mais uma obrigação para o poder público: o **dever de fomentar** os projetos culturais:

   1.1. Destinados aos jovens;

   1.2. Ou produzido pelos jovens.

2. Para tanto, deve haver recursos financeiros previstos no orçamento, especialmente nas leis orçamentárias.

> **Art. 25.** Na destinação dos **recursos do Fundo Nacional da Cultura** - FNC, de que trata a Lei nº 8.313, de 23 de dezembro de 1991, serão consideradas as necessidades específicas dos jovens em relação à ampliação do acesso à cultura e à melhoria das condições para o exercício do protagonismo no campo da produção cultural.
>
> Parágrafo único. As pessoas físicas ou jurídicas poderão optar pela **aplicação de parcelas do imposto sobre a renda** a título de doações ou patrocínios, de que trata a Lei nº 8.313, de 23 de dezembro de 1991, no apoio a projetos culturais apresentados por entidades juvenis legalmente constituídas há, pelo menos, 1 (um) ano.

1. O Estatuto prevê que, quanto aos **recursos do Fundo Nacional da Cultura** (FNC), deverá haver enfoque nas necessidades específicas dos jovens quanto a:

   1.1. Aumento do *acesso à cultura*;

   1.2. Melhores condições para ganhar protagonismo na *produção cultural*.

2. Outro instrumento de financiamento são as **doações e patrocínios** de pessoas físicas ou jurídicas para projetos culturais de entidades juvenis.

   2.1. Para tanto, essas *entidades juvenis* devem estar constituídas há, pelo menos, 1 ano. Trata-se de mecanismo para aferir, objetivamente, a estabilidade e a idoneidade dessas entidades, evitando fraudes e doações ineptas.

2.2. Diante dessas doações ou patrocínios, a pessoa, física ou jurídica, pode **deduzir** o montante do **imposto de renda**, conforme artigo 18 da Lei nº 8.313/91:

- Art. 18 e §§ 1º e 2º da Lei nº 8.313/91: "Art. 18. Com o objetivo de incentivar as atividades culturais, a União facultará às pessoas físicas ou jurídicas a opção pela aplicação de parcelas do Imposto sobre a Renda, a título de doações ou patrocínios, tanto no apoio direto a projetos culturais apresentados por pessoas físicas ou por pessoas jurídicas de natureza cultural, como através de contribuições ao FNC, nos termos do art. 5º, inciso II, desta Lei, desde que os projetos atendam aos critérios estabelecidos no art. 1º desta Lei. § 1º Os contribuintes poderão deduzir do imposto de renda devido as quantias efetivamente despendidas nos projetos elencados no § 3º, previamente aprovados pelo Ministério da Cultura, nos limites e nas condições estabelecidos na legislação do imposto de renda vigente, na forma de: a) doações; e b) patrocínios. § 2º As pessoas jurídicas tributadas com base no lucro real não poderão deduzir o valor da doação ou do patrocínio referido no parágrafo anterior como despesa operacional.".

- O §3º do artigo mencionado traz um rol de segmentos para os quais a doação valerá para fins de dedução. A partir do Estatuto da Juventude, as doações realizadas conforme seu artigo 25, parágrafo único, passam a integrar a lista, ainda que sem nela constar expressamente.

### SEÇÃO VII
### DO DIREITO À COMUNICAÇÃO E À LIBERDADE DE EXPRESSÃO

**Art. 26.** O jovem tem **direito à comunicação e à livre expressão**, à **produção de conteúdo**, individual e colaborativo, e ao acesso às **tecnologias de informação e comunicação**.

1. Próximo passo dado pela lei é garantir o **direito à liberdade de expressão** (*livre expressão*), concretizando-a através do **direito à comunicação**.

2. Como consequência, é assegurado o **direito à produção de conteúdo**, de duas maneiras:

    2.1. *Individual*: um jovem produz seu conteúdo de maneira isolada;

2.2. **Colaborativa**: é um processo criativo coletivo em que a informação pode ser alterada por todos que tenham contato com ela.

- Um exemplo de produção colaborativa em escala global é o *wikipedia*, em que qualquer usuário pode contribuir no desenvolvimento do conteúdo.

- Essa noção está liga ao conceito de *work in progress*, em que as decisões vão sendo tomadas durante o processo de criação, e não apenas antes.

3. Também ligado ao direito à comunicação está o **acesso às tecnologias de informação e comunicação**.

3.1. As tecnologias da informação e comunicação (*TIC*) são definidas como um conjunto de recursos tecnológicos usados de maneira integrada visando um objetivo comum.

- É mais um termo multidisciplinar, estranho à ciência do Direito.

- Danilo Moura Pereira e Gislane Santos Silva[5] observam os impactos das TICs no mundo, esclarecendo que seu desenvolvimento leva à chamada Sociedade da Informação e do Conhecimento, onde existe grande capacidade de inovação, e que os governos têm papel de destaque na sua efetivação:

> *"As TICs compõem um fator preponderante para o desenvolvimento. São modelos desse crescimento a Europa Ocidental, os EUA e o Japão. As TICs apresentam também influência na vida social. A sociedade estabelece contato, direta ou indiretamente, com novas tecnologias quando, por exemplo, assistimos à televisão ou utilizamos serviços bancários on-line etc. Outro ponto de destaque das TICs está relacionado ao processo de ensino. As Tecnologias têm possibilitado a utilização das ferramentas de comunicação no segmento educacional permitindo o início e a ascensão da Educação a Distância (EAD). (...) A evolução das TICs não provocou mudanças apenas nas áreas de tecnologia e comunicação, mas em **diversas áreas do conhecimento humano**. As TICs foram responsáveis por alterações de conduta, de costumes, de consumo, no lazer, nas relações entre os indivíduos e nas formas como eles se comunicam. Novos hábitos*

---

5. PEREIRA, Danilo Moura; SILVA, Gislane Santos. *As Tecnologias de Informação e Comunicação (TICs) como aliadas para o desenvolvimento*. Disponível em: http://periodicos.uesb.br/index.php/cadernosdeciencias/article/viewFile/884/891.

*sociais foram adquiridos, surgiram novas formas de interação, enfim, uma nova sociedade – A **Sociedade da Informação**. (...) É **papel dos governos**, principalmente os municipais, incentivar e interferir diretamente na elaboração e implementação de políticas públicas com vistas a utilizar as novas Tecnologias de Informação e Comunicação para viabilizar o desenvolvimento – principalmente das regiões mais periféricas – e, desse modo, auxiliar na redução das desigualdades regionais. Isso pode ocorrer **de diversas formas**: democratização do acesso às TICs; articulação de empresas, universidades e outros atores sociais em torno de APL; concessão de incentivos fiscais; estruturação de pólos de tecnologia; estímulo ao ensino técnico e superior; parcerias com ONG e empresas privadas; articulação com os governos federal e estadual.*

*Entretanto, para traçar tais políticas é necessário conhecer especificamente as condições locais, suas potencialidades e carências, capitalizar as características positivas de cada território, convertê-las em valorização econômica e promover padrões de desenvolvimento mais sustentáveis em termos sociais, políticos e ambientais.".*

**Art. 27.** A ação do **poder público** na efetivação do direito do jovem à comunicação e à liberdade de expressão contempla a adoção das seguintes **medidas**:

I - incentivar programas educativos e culturais voltados para os jovens nas emissoras de rádio e televisão e nos demais meios de comunicação de massa;

II - promover a inclusão digital dos jovens, por meio do acesso às novas tecnologias de informação e comunicação;

III - promover as redes e plataformas de comunicação dos jovens, considerando a acessibilidade para os jovens com deficiência;

IV - incentivar a criação e manutenção de equipamentos públicos voltados para a promoção do direito do jovem à comunicação; e

V - garantir a acessibilidade à comunicação por meio de tecnologias assistivas e adaptações razoáveis para os jovens com deficiência.

1. Embora seja um dever de todos garantir o acesso do jovem à comunicação, o **poder público** tem especial obrigação nesse sentido, de modo que o Estatuto traz **medidas** específicas:

    1.1. *Programas educativos e culturais*:
    - No rádio;
    - Na televisão;

LEI Nº 12.852, DE 5 DE AGOSTO DE 2013 **Art. 29**

- Em outros meios de comunicação (de massa);

1.2. **Inclusão digital** dos jovens, por meio do acesso às tecnologias de informação e comunicação.

1.3. **Redes de comunicação juvenis**, com especial atenção aos *jovens com deficiência*, garantindo seu acesso e sua acessibilidade.

1.4. **Equipamentos públicos de promoção** do direito à comunicação;

1.5. **Tecnologias assistivas** e adaptações necessárias para garantir o acesso dos *jovens com deficiência*.

## SEÇÃO VIII
## DO DIREITO AO DESPORTO E AO LAZER

**Art. 28.** O jovem tem **direito à prática desportiva** destinada a seu pleno desenvolvimento, com prioridade para o **desporto de participação**.

Parágrafo único. O direito à prática desportiva dos adolescentes deverá considerar sua condição peculiar de pessoa em desenvolvimento.

1. Prosseguindo, o Estatuto trata do **direito à pratica de esportes** (*prática desportiva*), como um **meio para o pleno desenvolvimento** do jovem.

    1.1. Existe prioridade expressa para o **desporto de participação**, cujo conceito vem delineado no artigo 3º, inciso II da Lei nº 9.615/98, que traz normas gerais para o desporto no Brasil:

    - Art. 3º, II da Lei nº 9.615/98: "Art. 3º O desporto pode ser reconhecido em qualquer das seguintes manifestações: II - **desporto de participação**, de modo voluntário, compreendendo as modalidades desportivas praticadas com a *finalidade de* contribuir para a integração dos praticantes na plenitude da vida social, na promoção da saúde e educação e na preservação do meio ambiente".

    1.2. O direito à prática desportiva dos **jovens adolescentes** deve considerar sua condição peculiar de pessoa em desenvolvimento, esmiuçada no ECA.

**Art. 29.** A **política pública** de desporto e lazer destinada ao jovem deverá considerar:

I - a realização de **diagnóstico e estudos estatísticos** oficiais acerca da educação física e dos desportos e dos equipamentos de lazer no Brasil;

> II - a adoção de **lei de incentivo fiscal para o esporte**, com critérios que priorizem a juventude e promovam a equidade;
>
> III - a valorização do **desporto** e do **paradesporto educacional**;
>
> IV - a oferta de **equipamentos comunitários** que permitam a prática desportiva, cultural e de lazer.

1. Ao elaborar a **política pública de desporto e lazer** para os jovens, o poder público deverá perpassar por certos pontos mínimos centrais, elencados neste artigo:

   1.1. *Uso de estatística*, com diagnóstico *oficial* sobre:

   - A educação física;
   - Os desportos;
   - E os equipamentos de lazer do Brasil.

   1.2. *Lei de incentivo fiscal para o esporte*, priorizando a juventude e a equidade.

   - Trata-se da Lei nº 11.438/2006. Inicialmente, trazia benefícios fiscais até 2015, tendo sido ampliado o prazo até 2022, pela Lei nº 13.155/2015. Não há, porém, menção específica à juventude.

   1.3. *Desporto e paradesporto educacional*: o conceito de desporto educacional vem trazido pela Lei nº 9.615/98, em seu artigo 3º, inciso I.

   - Art. 3º, I da Lei nº 9.615/98: "Art. 3º O desporto pode ser reconhecido em qualquer das seguintes manifestações: I - *desporto educacional*, praticado nos sistemas de ensino e em formas assistemáticas de educação, evitando-se a seletividade, a hipercompetitividade de seus praticantes, com a finalidade de alcançar o desenvolvimento integral do indivíduo e a sua formação para o exercício da cidadania e a prática do lazer;

   1.4. *Equipamentos comunitários* para:

   - Esporte;
   - Lazer;
   - Cultura.

> **Art. 30.** Todas as **escolas** deverão buscar pelo menos **um local apropriado** para a prática de atividades poliesportivas.

1. Em mais um comando que traz obrigação, encontramos o **dever das escolas** (*todas* elas) de buscar um local apropriado para a prática de atividades esportivas.

    1.1. Note-se que não há, ao menos expressamente, obrigação para que o referido local seja *dentro* do estabelecimento educacional, podendo haver acordos com clubes e afins.

    1.2. Embora o artigo fale em *buscar*, presume-se que as escolas efetivarão esse direito dos jovens.

> **SEÇÃO IX**
> **DO DIREITO AO TERRITÓRIO E À MOBILIDADE**
>
> **Art. 31.** O jovem tem direito ao **território e à mobilidade**, incluindo a promoção de **políticas públicas** de moradia, circulação e equipamentos públicos, no campo e na cidade.
>
> Parágrafo único. Ao jovem com deficiência devem ser garantidas a acessibilidade e as adaptações necessárias.

1. O próximo grupo de direitos trazido pelo Estatuto diz respeito ao **território** e à **mobilidade**.

    1.1. Os dois direitos se comunicam, na medida em que, para que o jovem possa verdadeiramente usufruir do *território* de qualquer abrangência (nacional, regional, estadual, municipal, etc), deverá ter acesso aos meios de transporte, que permitem a *mobilidade – urbana e rural*.

2. Para tanto, o poder público deverá desenhar **políticas públicas**.

    2.1. Tais políticas envolverão:

    - *Moradia*: é o primeiro reflexo do direito ao território, dizendo respeito ao núcleo da dignidade humana.
    - *Circulação*: possibilidade de se mover pelo território.
    - *Equipamentos públicos*.

    2.2. A política pública dirá respeito a todos os ambientes, isto é:

    - Campo (rural);
    - Cidade (urbano).

3. Há, mais uma vez, expressa menção aos ***jovens com deficiência***, que têm **direito à acessibilidade**. Afinal de contas, a mobilidade desse especial grupo de sujeitos de direitos depende dessas *adaptações necessárias*.

**Art. 32.** No sistema de **transporte coletivo interestadual**, observar-se-á, nos termos da legislação específica:

I - a **reserva de 2 (duas) vagas gratuitas** por veículo para jovens de baixa renda;

II - a reserva de 2 (duas) vagas por veículo com **desconto de 50%** (cinquenta por cento), no mínimo, no valor das passagens, para os jovens de baixa renda, a serem utilizadas após esgotadas as vagas previstas no inciso I.

Parágrafo único. Os procedimentos e os critérios para o exercício dos direitos previstos nos incisos I e II serão definidos em **regulamento**.

1. Uma medida específica para efetivar o direito à mobilidade prevista no Estatuto é a **reserva de vagas** no **transporte coletivo interestadual**.

    1.1. Pelo Estatuto, então, apenas há reserva de vagas no transporte *coletivo*.

    1.2. Além disso, apenas existe o direito no caso de transporte *interestadual*, isto é, entre Estados da Federação (que é de responsabilidade da União, conforme artigo 21, XII, e da Constituição Federal – pelo fato de o Estatuto ser lei federal).

    - Pelo regulamento (Decreto nº 8.537/2015), estão envolvidos os transportes rodoviário, ferroviário e aquaviário (artigo 13, §1º).

    1.3. Nada obsta, porém, que os Estados (transporte intermunicipal), o DF e os Municípios (transporte intramunicipal) ampliem essa previsão em leis próprias, efetivando o direito à mobilidade.

2. O direito do Estatuto se refere apenas a **jovens de baixa renda**, conceito a ser regulado por decreto.

    2.1. O Decreto nº 8.537/2015, que também trata do benefício da meia entrada, tratou do tema. O *conceito* de jovem de baixa renda é, portanto, o mesmo:

    - Pertencer à família com renda mensal de até 2 salários mínimos;
    - Inscrita no Cadastro Único para Programas Sociais do Governo Federal (CadÚnico).

    2.2. A previsão legal envolve o direito, *por veículo*:

    - 2 vagas *gratuitas*;

- *Após a ocupação* dessas vagas, mais 2 vagas com **desconto de pelo menos 50%** (poderá ser, portanto, ainda menor o valor.

2.3. Para fazer uso do direito, o regulamento exige que o bilhete, gratuito ou com desconto, seja **solicitado com antecedência mínima de 3 horas** do horário de partida do ponto inicial.

- Nesse momento, já pode ser solicitado o bilhete de retorno.
- Após esse prazo, as empresas prestadoras dos serviços podem colocar à venda os bilhetes não solicitados. Contudo, enquanto não vendidos, podem ser solicitados para gratuidade ou desconto.
- O jovem que tiver o bilhete deve *comparecer ao terminal de embarque pelo menos* **trinta minutos antes** *do horário da viagem*, sob pena de perder o benefício.
- O bilhete será *nominal e* **intransferível**.
- Os jovens que utilizarem esse benefício terão os *mesmos direitos* dos demais passageiros.

| Antecedência mínima | Ação a ser realizada |
| --- | --- |
| 3 horas antes da saída do transporte do ponto inicial (ou enquanto não forem vendidos os 4 postos com benefício) | Solicitar o bilhete com benefício |
| 30 minutos antes da hora marcada para o início da viagem | Comparecer ao local de embarque |

**Art. 33.** A União envidará esforços, em articulação com os Estados, o Distrito Federal e os Municípios, para promover a oferta de **transporte público subsidiado** para os jovens, com *prioridade* para os jovens em situação de pobreza e vulnerabilidade, na forma do regulamento.

1. Além dos postos de que trata o artigo anterior, a União (em articulação com os outros entes federativos) deve se esforçar por promover **transporte público subsidiado** para os jovens.

    1.1. Pode haver bilhetes gratuitos ou por preço menor, portanto.

    1.2. A **prioridade** será a destinação desses bilhetes subsidiados para os jovens em situação de:

    - *Pobreza*;
    - *Vulnerabilidade*.

1.3. Não existe, ainda, regulamento específico genérico sobre essa matéria, cabendo a cada ente o referido subsídio.

> **SEÇÃO X**
> **DO DIREITO À SUSTENTABILIDADE E AO MEIO AMBIENTE**
> **Art. 34.** O jovem tem **direito à sustentabilidade e ao meio ambiente** ecologicamente equilibrado, bem de uso comum do povo, essencial à sadia qualidade de vida, e o **dever de defendê-lo e preservá-lo** para a presente e as futuras gerações.

1. O jovem, segundo o Estatuto, possui, ainda, **direito ao meio ambiente equilibrado**, por se tratar de bem *intergeracional* e de *uso comum do povo*.

    1.1. O direito ao meio ambiente é um típico direito de terceira geração, como já assenta há tempos o STF:

    > *"assiste de modo subjetivamente indeterminado a todo o gênero humano, circunstância essa que justifica a especial obrigação que incumbe ao Estado e à própria coletividade de defendê-lo e preservá-lo em benefício das presentes e futuras gerações, evitando-se, desse modo, que irrompam no seio da comunhão social os graves conflitos **intergeracionais** marcados pelo desrespeito ao **dever de solidariedade** na proteção desse bem essencial de uso comum de todos quantos compõe o grupo social."* (STF. MS 22.164/DF, Rel. Min. Celso de Mello, julgado em 30/10/1995)

    1.2. O *uso sustentável* é conceituado pela Lei nº 9.985/00, que institui o Sistema Nacional de Unidades de Conservação e da Natureza, para o qual o *desenvolvimento sustentável* é um dos objetivos.

    - Art. 2º, XI da Lei nº 9.985/00: "Art. 2º Para os fins previstos nesta Lei, entende-se por: XI - *uso sustentável*: exploração do ambiente de maneira a garantir a perenidade dos recursos ambientais renováveis e dos processos ecológicos, mantendo a biodiversidade e os demais atributos ecológicos, de forma socialmente justa e economicamente viável".

    - Art. 4º, IV da Lei nº 9.985/00: "Art. 4º O SNUC tem os seguintes objetivos: IV - promover o *desenvolvimento sustentável* a partir dos recursos naturais".

2. A esse direito, corresponde um **dever de defesa e preservação** do meio ambiente, tanto para a *presente* geração como para as *futuras*.

LEI Nº 12.852, DE 5 DE AGOSTO DE 2013 | **Art. 36**

> **Art. 35.** O Estado promoverá, em todos os níveis de ensino, a **educação ambiental** voltada para a preservação do meio ambiente e a sustentabilidade, de acordo com a Política Nacional do Meio Ambiente.

1. Complementando a lógica do artigo anterior, esse comando diz respeito ao **dever estatal de educação ambiental**.

    1.1. Essa obrigação se destina a conscientizar os jovens a respeito do *dever de defesa e preservação do meio ambiente,* mas também os demais estudantes de todas as idades.

    1.2. Isso porque o dever de educação ambiental deve se efetivar em *todos os níveis de ensino*, sendo um exemplo de dispositivo genérico (não limitado aos jovens) no interior do Estatuto da Juventude.

> **Art. 36.** Na **elaboração, na execução e na avaliação** de políticas públicas que incorporem a dimensão ambiental, o poder público deverá considerar:
>
> I - o estímulo e o fortalecimento de organizações, movimentos, redes e outros **coletivos de juventude** que atuem no âmbito das questões ambientais e em prol do desenvolvimento sustentável;
>
> II - o incentivo à **participação dos jovens** na elaboração das políticas públicas de meio ambiente;
>
> III - a criação de **programas de educação ambiental** destinados aos jovens; e
>
> IV - o incentivo à participação dos jovens em **projetos de geração de trabalho e renda** que visem ao desenvolvimento sustentável nos âmbitos rural e urbano.
>
> Parágrafo único. A aplicação do disposto no inciso IV do caput deve observar a legislação específica sobre o direito à profissionalização e à proteção no trabalho dos adolescentes.

1. O poder público deverá seguir algumas **orientações para as políticas públicas** que envolvam os jovens e a dimensão ambiental.

    1.1. Essas orientações serão consideradas em *três momentos*:

    - Elaboração das políticas (antes);
    - Execução (durante);
    - Avaliação (depois).

1.2. Primeiro aspecto é o **fortalecimento dos coletivos de juventude** que atuem no âmbito ambiental. Pode ser, entre outros, o caso de:

- Orientações;
- Movimentos;
- Redes.

1.3. Seguindo a mesma linha da ampla participação, diretriz geral do Estatuto (artigo 3º, II), está prevista a **participação dos jovens** no momento da *elaboração das políticas*.

1.4. Conjugando as políticas públicas com o artigo anterior, devem ser criados **programas de educação ambiental** específicos para os jovens.

1.5. Por fim, há menção à participação dos jovens nos **projetos de geração de trabalho e renda** ligados ao desenvolvimento sustentável nos âmbitos rural e urbano.

- Para tanto, deve-se respeitar a *legislação específica* sobre o direito à profissionalização e à proteção no trabalho dos adolescentes (artigos 60 a 69 do ECA)

> **SEÇÃO XI**
> **DO DIREITO À SEGURANÇA PÚBLICA E AO ACESSO À JUSTIÇA**
>
> **Art. 37.** Todos os jovens têm direito de viver em um **ambiente seguro**, sem violência, com garantia da sua incolumidade física e mental, sendo-lhes asseguradas a **igualdade de oportunidades** e facilidades para seu **aperfeiçoamento** intelectual, cultural e social.

1. O último grupo de direitos se refere **à segurança pública**, que inclui diversos grupos de garantias. O primeiro diz respeito ao **ambiente seguro**, no sentido de afastar a violência e garantir a incolumidade física e mental do jovem.

2. O segundo se refere ao **acesso à justiça**, que se desdobra em outras previsões específicas:

    2.1. *Igualdade de oportunidades*;

    2.2. Facilidades para o *aperfeiçoamento*:

    - Intelectual;
    - Cultural;
    - Social.

**Art. 38.** As **políticas de segurança pública** voltadas para os jovens deverão **articular ações** da União, dos Estados, do Distrito Federal e dos Municípios e ações não governamentais, tendo por **diretrizes**:

I - a integração com as **demais políticas** voltadas à juventude;

II - a **prevenção e enfrentamento** da violência;

III - a promoção de **estudos e pesquisas** e a obtenção de estatísticas e informações relevantes para subsidiar as ações de segurança pública e permitir a avaliação periódica dos impactos das políticas públicas quanto às causas, às consequências e à frequência da violência contra os jovens;

IV - a priorização de ações voltadas para os **jovens em situação de risco**, vulnerabilidade social e egressos do sistema penitenciário nacional;

V - a promoção do acesso efetivo dos jovens à **Defensoria Pública**, considerando as especificidades da condição juvenil; e

VI - a promoção do efetivo acesso dos **jovens com deficiência** à justiça em igualdade de condições com as demais pessoas, inclusive mediante a provisão de adaptações processuais adequadas a sua idade.

1. As **políticas públicas** *de segurança pública para os jovens* articularão ações de duas naturezas:

    1.1. Governamental, isto é, dos entes políticos (União, Estados, Distrito Federal e Municípios);

    1.2. Não governamental.

2. O Estatuto traz **diretrizes**, mais uma vez:

    2.1. Integração com outras políticas da juventude, como as demais trazidas pelo Estatuto;

    2.2. Prevenir e enfrentar a violência;

    2.3. Estatísticas para avaliação periódica, de modo a melhorar a política;

    2.4. Ações específicas para os *jovens:*

    - *Em situação de risco;*
    - *Vulneráveis socialmente;*
    - *Egressos do sistema penitenciário.*

    2.5. Acesso efetivo à **Defensoria Pública**, instituição constitucional voltada à tutela dos necessitados.

- Há previsão específica da função de tutela de todos os grupos de vulneráveis na Lei Orgânica da Defensoria Pública (LC 80/94, artigo 4º, XI):
- Art. 4º, XI da Lei Complementar nº 80/94 (n/f da LC 132/09): "Art. 4º São funções institucionais da Defensoria Pública, dentre outras: XI – exercer a defesa dos interesses individuais e coletivos da criança e do adolescente, do idoso, da pessoa portadora de necessidades especiais, da mulher vítima de violência doméstica e familiar e de *outros grupos sociais vulneráveis que mereçam proteção especial* do Estado".

2.6. Acesso efetivo dos **jovens com deficiência** *à justiça*, com **adaptações processuais** adequadas à sua idade.

- Existe, portanto, um dispositivo de matéria processual no Estatuto da Juventude.
- Atualmente, com o artigo 139, I (assegurar igualdade de tratamento às partes) e VI (adequar o procedimento às necessidades do conflito, garantindo efetividade) do CPC/15, o juiz tem maior possibilidade para as adaptações.

> **TÍTULO II**
> **DO SISTEMA NACIONAL DE JUVENTUDE**
>
> **CAPÍTULO I**
> **DO SISTEMA NACIONAL DE JUVENTUDE - SINAJUVE**
>
> **Art. 39.** É instituído o **Sistema Nacional de Juventude - SINAJUVE**, cujos composição, organização, competência e funcionamento serão definidos em **regulamento**.

1. Encerrado a primeira parte do Estatuto, que tratou dos direitos dos jovens em espécie, passa-se à **instituição do Sistema Nacional de Juventude (SINAJUVE)**.

   1.1. Reza a lei que a composição, organização, competência e funcionamento serão temas definidos por regulamento.

   1.2. Com o fim de iniciar essa regulamentação, o Governo Federal editou o Decreto nº 8.074/13, que instituiu o *Comitê Interministerial da Política de Juventude* sendo mantido e atualizado pelo Decreto nº 9.025, de 5 de abril de 2017[6]. Dentre suas competências, esteve a elaboração da regula-

---

6. Conferir a íntegra nos anexos do livro.

**LEI Nº 12.852, DE 5 DE AGOSTO DE 2013**  **Art. 42**

mentação do Estatuto da Juventude e do SINAJUVE, atendendo ao artigo 227 §8º da Constituição Federal, e, atualmente, a monitoração de sua implementação no território nacional.

> **Art. 40.** O **financiamento** das ações e atividades realizadas no âmbito do Sinajuve será definido em **regulamento**.

1. Da mesma forma, o tratamento do **financiamento do SINAJUVE** está pendente de regulamentação.

> **CAPÍTULO II**
> **DAS COMPETÊNCIAS**
>
> **Art. 41.** Compete à União:
>
> I - formular e coordenar a execução da Política Nacional de Juventude;
>
> II - coordenar e manter o Sinajuve;
>
> III - estabelecer diretrizes sobre a organização e o funcionamento do Sinajuve;
>
> IV - elaborar o Plano Nacional de Políticas de Juventude, em parceria com os Estados, o Distrito Federal, os Municípios e a sociedade, em especial a juventude;
>
> V - convocar e realizar, em conjunto com o Conselho Nacional de Juventude, as Conferências Nacionais de Juventude, com intervalo máximo de 4 (quatro) anos;
>
> VI - prestar assistência técnica e suplementação financeira aos Estados, ao Distrito Federal e aos Municípios para o desenvolvimento de seus sistemas de juventude;
>
> VII - contribuir para a qualificação e ação em rede do Sinajuve em todos os entes da Federação;
>
> VIII - financiar, com os demais entes federados, a execução das políticas públicas de juventude;
>
> IX - estabelecer formas de colaboração com os Estados, o Distrito Federal e os Municípios para a execução das políticas públicas de juventude; e
>
> X - garantir a publicidade de informações sobre repasses de recursos para financiamento das políticas públicas de juventude aos conselhos e gestores estaduais, do Distrito Federal e municipais.
>
> **Art. 42.** Compete aos Estados:
>
> I - coordenar, em âmbito estadual, o Sinajuve;

II - elaborar os respectivos planos estaduais de juventude, em conformidade com o Plano Nacional, com a participação da sociedade, em especial da juventude;

III - criar, desenvolver e manter programas, ações e projetos para a execução das políticas públicas de juventude;

IV - convocar e realizar, em conjunto com o Conselho Estadual de Juventude, as Conferências Estaduais de Juventude, com intervalo máximo de 4 (quatro) anos;

V - editar normas complementares para a organização e o funcionamento do Sinajuve, em âmbito estadual e municipal;

VI - estabelecer com a União e os Municípios formas de colaboração para a execução das políticas públicas de juventude; e

VII - cofinanciar, com os demais entes federados, a execução de programas, ações e projetos das políticas públicas de juventude.

Parágrafo único. Serão incluídos nos censos demográficos dados relativos à população jovem do País.

**Art. 43.** Compete aos Municípios:

I - coordenar, em âmbito municipal, o Sinajuve;

II - elaborar os respectivos planos municipais de juventude, em conformidade com os respectivos Planos Nacional e Estadual, com a participação da sociedade, em especial da juventude;

III - criar, desenvolver e manter programas, ações e projetos para a execução das políticas públicas de juventude;

IV - convocar e realizar, em conjunto com o Conselho Municipal de Juventude, as Conferências Municipais de Juventude, com intervalo máximo de 4 (quatro) anos;

V - editar normas complementares para a organização e funcionamento do Sinajuve, em âmbito municipal;

VI - cofinanciar, com os demais entes federados, a execução de programas, ações e projetos das políticas públicas de juventude; e

VII - estabelecer mecanismos de cooperação com os Estados e a União para a execução das políticas públicas de juventude.

Parágrafo único. Para garantir a articulação federativa com vistas ao efetivo cumprimento das políticas públicas de juventude, os Municípios podem instituir os consórcios de que trata a Lei nº 11.107, de 6 de abril de 2005, ou qualquer outro instrumento jurídico adequado, como forma de compartilhar responsabilidades.

1. Para facilitar a memorização e o estudo das **competências dos entes federativos** no SINAJUVE, temos o seguinte quadro comparativo:

| União (art. 41) | Estados (art. 42) | Municípios (art. 43) |
|---|---|---|
| I - *formular* e *coordenar a execução* da **Política Nacional de Juventude** | | |
| II - **coordenar** e *manter* o Sinajuve; | I - coordenar, em *âmbito estadual*, o Sinajuve; | I - coordenar, *em âmbito municipal*, o Sinajuve; |
| III - estabelecer *diretrizes* sobre a organização e o funcionamento do Sinajuve; | V - editar *normas* complementares para a organização e o funcionamento do Sinajuve, em *âmbito estadual e municipal*; | V - editar *normas* complementares para a organização e funcionamento do Sinajuve, *em âmbito municipal*; |
| IV - elaborar o **Plano Nacional de Políticas** de Juventude, em parceria com os Estados, o Distrito Federal, os Municípios e a sociedade, em especial a juventude; | II - elaborar os respectivos planos *estaduais* de juventude, em conformidade com o Plano Nacional, com a participação da sociedade, em especial da juventude; | II - elaborar os respectivos planos *municipais* de juventude, em conformidade com os respectivos Planos Nacional e Estadual, com a participação da sociedade, em especial da juventude; |
| V - convocar e realizar, em conjunto com o Conselho *Nacional* de Juventude, as **Conferências** *Nacionais* de Juventude, com intervalo máximo de 4 (quatro) anos; | IV - convocar e realizar, em conjunto com o Conselho *Estadual* de Juventude, as Conferências *Estaduais* de Juventude, com intervalo máximo de 4 (quatro) anos; | IV - convocar e realizar, em conjunto com o Conselho *Municipal* de Juventude, as Conferências *Municipais* de Juventude, com intervalo máximo de 4 (quatro) anos; |
| VI - prestar *assistência técnica e suplementação financeira* aos Estados, ao Distrito Federal e aos Municípios para o desenvolvimento de seus *sistemas* de juventude; | III - *criar, desenvolver e manter* programas, ações e projetos para a execução das ***políticas públicas*** de juventude; | |
| VII - contribuir para a *qualificação* e ação em rede do *Sinajuve* em todos os entes da Federação; | | |

| União (art. 41) | Estados (art. 42) | Municípios (art. 43) |
|---|---|---|
| VIII - *financiar*, com os demais entes federados, a execução das **políticas públicas** de juventude; | VII - *co*financiar, com os demais entes federados, a execução de programas, ações e projetos das políticas públicas de juventude. | |
| IX - estabelecer formas de *colaboração* com os Estados, o Distrito Federal e os Municípios para a execução das políticas públicas de juventude; | VI - estabelecer com a *União e os Municípios* formas de colaboração para a execução das políticas públicas de juventude; | VII - estabelecer mecanismos de *cooperação* com os *Estados e a União* para a execução das políticas públicas de juventude. |
| X - garantir a **publicidade de informações** sobre repasses de recursos para financiamento das políticas públicas de juventude aos conselhos e gestores estaduais, do Distrito Federal e municipais. | | |
| | Parágrafo único. Serão incluídos nos **censos demográficos** dados relativos à população jovem do País. | Parágrafo único. Para garantir a articulação federativa com vistas ao efetivo cumprimento das políticas públicas de juventude, os Municípios podem instituir os **consórcios** de que trata a Lei nº 11.107, de 6 de abril de 2005, ou qualquer **outro instrumento jurídico** adequado, como forma de compartilhar responsabilidades. |

2. Duas observações merecem ser feitas:

   2.1. No artigo referente à competência dos Estados, encontramos a obrigação de inclusão dos dados relativos à população jovem nos **censos demográficos.**

   2.2. Os municípios podem instituir **consórcios** ou outros instrumentos jurídicos para *compartilhar responsabilidades* na efetivação das políticas públicas de juventude.

**Art. 44.** As competências dos Estados e Municípios são atribuídas, cumulativamente, ao **Distrito Federal**.

1. Seguindo a distribuição de competências como é feita na Constituição Federal, o Estatuto deixa claro que o **Distrito Federal** acumula as competências estatais e municipais.

## CAPÍTULO III
## DOS CONSELHOS DE JUVENTUDE

**Art. 45.** Os **conselhos de juventude** são órgãos permanentes e autônomos, não jurisdicionais, encarregados de tratar das políticas públicas de juventude e da garantia do exercício dos direitos do jovem, com os seguintes **objetivos**:

I - auxiliar na **elaboração de políticas** públicas de juventude que promovam o amplo exercício dos direitos dos jovens estabelecidos nesta Lei;

II - utilizar instrumentos de forma a buscar que o Estado **garanta aos jovens o exercício** dos seus direitos;

III - **colaborar** com os órgãos da administração no planejamento e na implementação das políticas de juventude;

IV - estudar, analisar, elaborar, discutir e propor a celebração de **instrumentos de cooperação**, visando à elaboração de programas, projetos e ações voltados para a juventude;

V - promover a realização de **estudos** relativos à juventude, objetivando subsidiar o planejamento das políticas públicas de juventude;

VI - estudar, analisar, elaborar, discutir e **propor políticas** públicas que permitam e garantam a integração e a participação do jovem nos processos social, econômico, político e cultural no respectivo ente federado;

VII - propor a criação de formas de **participação da juventude** nos órgãos da administração pública;

VIII - promover e participar de seminários, cursos, congressos e eventos correlatos para o **debate de temas** relativos à juventude;

IX - desenvolver **outras atividades** relacionadas às políticas públicas de juventude.

§ 1º A **lei,** em âmbito federal, estadual, do Distrito Federal e municipal, disporá sobre a organização, o funcionamento e a composição dos conselhos de juventude, observada a participação da sociedade civil mediante critério, no mínimo, paritário com os representantes do poder público.

§ 2º (VETADO).

1. A última parte do Estatuto traz os **conselhos da juventude**.

    1.1. São *órgãos permanentes* (portanto, não temporários, não se formando e dissolvendo periodicamente) e *autônomos* (gozando de alguma independência para a consecução de seus objetivos).

    1.2. São órgãos *não jurisdicionais* (portanto, voltados à efetivação da política pública no âmbito administrativo).

    1.3. São voltados ao tratamento:

    - Das *políticas públicas de juventude*;
    - Da garantia do *exercício dos direitos do jovem*.

2. Tais conselhos possuem **objetivos** específicos elencados exemplificativamente (tendo em vista o inciso IX) neste artigo.

    2.1. Auxiliar na elaboração das políticas;

    2.2. Instrumentalizar formas de fazer com que o Estado efetive os direitos dos jovens;

    2.3. Colaborar com a Administração Pública nas políticas de juventude em dois momentos:

    - Planejamento (prévio);
    - Implementação.

    2.4. Viabilizar instrumentos de cooperação para efetivar os direitos e as políticas para a juventude;

    2.5. Promover estudos sobre a juventude;

    2.6. Propor políticas públicas que integrem o jovem nos processos:

    - Social;
    - Econômico;
    - Político;
    - Cultural.

    2.7. Propor novas formas de participação da juventude na Administração Pública;

    2.8. Participar e promover eventos que debatam temas relevantes para a juventude.

3. A **composição**, o funcionamento e a organização dos conselhos foram assuntos delegados para leis de cada ente federativo.

3.1. Contudo, em todas as legislações vindouras deve haver participação da sociedade civil, no mínimo na mesma proporção que os representantes do poder público.

3.2. Havia, no parágrafo 2º, previsão de que a lei orçamentária de cada ente preveria recursos necessários para o conselho de juventude desse ente. Contudo, sucedeu-se veto, já que o instrumento adequado para tanto seria a lei de diretrizes orçamentárias.

- Mensagem do veto: "O texto viola o art. 165, § 2º, da Constituição, ao dispor sobre a elaboração da lei orçamentária anual sem utilizar o instrumento jurídico adequado, qual seja, a lei de diretrizes orçamentárias.".

**Art. 46.** São **atribuições** dos conselhos de juventude:

I - **encaminhar ao Ministério Público** notícia de fato que constitua infração administrativa ou penal contra os direitos do jovem garantidos na legislação;

II - **encaminhar à autoridade judiciária** os casos de sua competência;

III - expedir **notificações**;

IV - **solicitar informações** das autoridades públicas;

V - **assessorar o Poder Executivo** local na elaboração dos planos, programas, projetos, ações e proposta orçamentária das políticas públicas de juventude.

1. Em seguida, temos as **atribuições** dos conselhos, isto é, medidas que o referido órgão pode tomar, na persecução de seus objetivos, de forma concreta.

    1.1. Em recebendo notícia de eventual infração *administrativa ou penal* contra direitos dos jovens, deve *encaminha-la ao Ministério Público*;

    1.2. Outrossim, caso a medida a ser pleiteada dependa de apreciação judicial, o *encaminhamento* será feito para a *autoridade judiciária*;

    1.3. Em caráter preventivo ou repressivo, pode-se *expedir notificações*, alertando sobre eventual conduta potencialmente ilícita contra os direitos juvenis.

    1.4. É possível *solicitar informações* de autoridades públicas, quando necessárias para alcançar os objetivos dos conselhos.

    1.5. Por fim, os conselhos *assessoram o Executivo* do ente respectivo na elaboração das políticas públicas.

> **Art. 47.** Sem prejuízo das atribuições dos conselhos de juventude com relação aos direitos previstos neste Estatuto, cabe aos **conselhos de direitos da criança e do adolescente** deliberar e controlar as ações em todos os níveis relativas aos adolescentes com idade entre 15 (quinze) e 18 (dezoito) anos.

1. Quanto os **jovens adolescentes**, as atribuições dos conselhos da juventude *concorrerão com as dos conselhos de direitos da criança e do adolescente*.

    1.1. Ao contrário de outros pontos do Estatuto, em que se faz expressa ressalva da aplicação prioritária do ECA, no tema dos conselhos ambos atuarão:

    - Quanto aos direitos previstos no Estatuto da Juventude, a atribuição será dos conselhos da juventude;
    - Quanto aos demais direitos, atinentes ao adolescente, atuará o conselho de direitos da criança e do adolescente.

> **Art. 48.** Esta Lei entra em **vigor após decorridos 180** (cento e oitenta) dias de sua publicação oficial.
>
> Brasília, 5 de agosto de 2013; 192º da Independência e 125º da República.

1. A **vigência** do Estatuto não é imediata, tendo o mesmo entrado em vigor apenas 180 dias após a publicação, em 5 de agosto de 2013: portanto, em 2 de fevereiro de 2014.

# DECRETO Nº 7.352, DE 4 DE NOVEMBRO DE 2010

*Dispõe sobre a política de educação do campo e o Programa Nacional de Educação na Reforma Agrária - PRONERA.*

▶ **Atenção:** o Decreto é bastante específico, não sendo provável que seja cobrado em concursos se não houver menção expressa no edital.

O PRESIDENTE DA REPÚBLICA, no uso da atribuição que lhe confere o art. 84, incisos IV e VI, alínea "a", da Constituição, e tendo em vista o disposto na Lei nº 9.394, de 20 de dezembro de 1996, e no art. 33 da Lei nº 11.947, de 16 de junho de 2009,

DECRETA:

Art. 1º A política de educação do campo destina-se à ampliação e qualificação da oferta de educação básica e superior às populações do campo, e será desenvolvida pela União em regime de colaboração com os Estados, o Distrito Federal e os Municípios, de acordo com as diretrizes e metas estabelecidas no Plano Nacional de Educação e o disposto neste Decreto.

§ 1º Para os efeitos deste Decreto, **entende-se por**:

I - **populações do campo**: os agricultores familiares, os extrativistas, os pescadores artesanais, os ribeirinhos, os assentados e acampados da reforma agrária, os trabalhadores assalariados rurais, os quilombolas, os caiçaras, os povos da floresta, os caboclos e outros que produzam suas condições materiais de existência a partir do trabalho no meio rural; e

II - **escola do campo**: aquela situada em área rural, conforme definida pela Fundação Instituto Brasileiro de Geografia e Estatística - IBGE, ou aquela situada em área urbana, desde que atenda predominantemente a populações do campo.

§ 2º Serão consideradas do campo as turmas anexas vinculadas a escolas com sede em área urbana, que funcionem nas condições especificadas no inciso II do § 1º.

§ 3º As escolas do campo e as turmas anexas deverão elaborar seu projeto político pedagógico, na forma estabelecida pelo Conselho Nacional de Educação.

§ 4º A educação do campo concretizar-se-á mediante a oferta de formação inicial e continuada de profissionais da educação, a garantia de condições de infraestrutura e transporte escolar, bem como de materiais e livros didáticos, equipamentos, laboratórios, biblioteca e áreas de lazer e desporto adequados ao projeto político-pedagógico e em conformidade com a realidade local e a diversidade das populações do campo.

Art. 2º São **princípios da educação do campo**:

I - respeito à diversidade do campo em seus aspectos sociais, culturais, ambientais, políticos, econômicos, de gênero, geracional e de raça e etnia;

II - incentivo à formulação de projetos político-pedagógicos específicos para as escolas do campo, estimulando o desenvolvimento das unidades escolares como espaços públicos de investigação e articulação de experiências e estudos direcionados para o desenvolvimento social, economicamente justo e ambientalmente sustentável, em articulação com o mundo do trabalho;

III - desenvolvimento de políticas de formação de profissionais da educação para o atendimento da especificidade das escolas do campo, considerando-se as condições concretas da produção e reprodução social da vida no campo;

IV - valorização da identidade da escola do campo por meio de projetos pedagógicos com conteúdos curriculares e metodologias adequadas às reais necessidades dos alunos do campo, bem como flexibilidade na organização escolar, incluindo adequação do calendário escolar às fases do ciclo agrícola e às condições climáticas; e

V - controle social da qualidade da educação escolar, mediante a efetiva participação da comunidade e dos movimentos sociais do campo.

Art. 3º Caberá à União criar e implementar mecanismos que garantam a manutenção e o desenvolvimento da educação do campo nas políticas públicas educacionais, com o objetivo de superar as defasagens históricas de acesso à educação escolar pelas populações do campo, visando em especial:

I - reduzir os indicadores de analfabetismo com a oferta de políticas de educação de jovens e adultos, nas localidades onde vivem e trabalham, respeitando suas especificidades quanto aos horários e calendário escolar;

II - fomentar educação básica na modalidade Educação de Jovens e Adultos, integrando qualificação social e profissional ao ensino fundamental;

III - garantir o fornecimento de energia elétrica, água potável e saneamento básico, bem como outras condições necessárias ao funcionamento das escolas do campo; e

IV - contribuir para a inclusão digital por meio da ampliação do acesso a computadores, à conexão à rede mundial de computadores e a outras tecnologias digitais, beneficiando a comunidade escolar e a população próxima às escolas do campo.

Parágrafo único. Aos Estados, Distrito Federal e Municípios que desenvolverem a educação do campo em regime de colaboração com a União caberá criar e implementar mecanismos que garantam sua manutenção e seu desenvolvimento nas respectivas esferas, de acordo com o disposto neste Decreto.

Art. 4º A União, por meio do Ministério da Educação, prestará apoio técnico e financeiro aos Estados, ao Distrito Federal e aos Municípios na implantação das seguintes ações voltadas à ampliação e qualificação da oferta de educação básica e superior às populações do campo em seus respectivos sistemas de ensino, sem prejuízo de outras que atendam aos objetivos previstos neste Decreto:

I - oferta da educação infantil como primeira etapa da educação básica em creches e pré-escolas do campo, promovendo o desenvolvimento integral de crianças de zero a cinco anos de idade;

II - oferta da educação básica na modalidade de Educação de Jovens e Adultos, com qualificação social e profissional, articulada à promoção do desenvolvimento sustentável do campo;

III - acesso à educação profissional e tecnológica, integrada, concomitante ou sucessiva ao ensino médio, com perfis adequados às características socioeconômicas das regiões onde será ofertada;

IV - acesso à educação superior, com prioridade para a formação de professores do campo;

V - construção, reforma, adequação e ampliação de escolas do campo, de acordo com critérios de sustentabilidade e acessibilidade, respeitando as diversidades regionais, as características das distintas faixas etárias e as necessidades do processo educativo;

VI - formação inicial e continuada específica de professores que atendam às necessidades de funcionamento da escola do campo;

VII - formação específica de gestores e profissionais da educação que atendam às necessidades de funcionamento da escola do campo;

VIII - produção de recursos didáticos, pedagógicos, tecnológicos, culturais e literários que atendam às especificidades formativas das populações do campo; e

IX - oferta de transporte escolar, respeitando as especificidades geográficas, culturais e sociais, bem como os limites de idade e etapas escolares.

§ 1º A União alocará recursos para as ações destinadas à promoção da educação nas áreas de reforma agrária, observada a disponibilidade orçamentária.

§ 2º Ato do Ministro de Estado da Educação disciplinará as condições, critérios e procedimentos para apoio técnico e financeiro às ações de que trata este artigo.

Art. 5º A formação de professores para a educação do campo observará os princípios e objetivos da Política Nacional de Formação de Profissionais do Magistério da Educação Básica, conforme disposto no Decreto nº 6.755, de 29 de janeiro de 2009, e será orientada, no que couber, pelas diretrizes estabelecidas pelo Conselho Nacional de Educação.

§ 1º Poderão ser adotadas metodologias de educação a distância para garantir a adequada formação de profissionais para a educação do campo.

§ 2º A formação de professores poderá ser feita concomitantemente à atuação profissional, de acordo com metodologias adequadas, inclusive a pedagogia da alternância, e sem prejuízo de outras que atendam às especificidades da educação do campo, e por meio de atividades de ensino, pesquisa e extensão.

§ 3º As instituições públicas de ensino superior deverão incorporar nos projetos político-pedagógicos de seus cursos de licenciatura os processos de interação entre o campo e a cidade e a organização dos espaços e tempos da formação, em consonância com as diretrizes estabelecidas pelo Conselho Nacional de Educação.

Art. 6º Os recursos didáticos, pedagógicos, tecnológicos, culturais e literários destinados à educação do campo deverão atender às especificidades e apresentar conteúdos relacionados aos conhecimentos das populações do campo, considerando os saberes próprios das comunidades, em diálogo com os saberes acadêmicos e a construção de propostas de educação no campo contextualizadas.

Art. 7º No desenvolvimento e manutenção da política de educação do campo em seus sistemas de ensino, sempre que o cumprimento do direito à educação escolar assim exigir, os entes federados assegurarão:

I - organização e funcionamento de turmas formadas por alunos de diferentes idades e graus de conhecimento de uma mesma etapa de ensino, especialmente nos anos iniciais do ensino fundamental;

II - oferta de educação básica, sobretudo no ensino médio e nas etapas dos anos finais do ensino fundamental, e de educação superior, de acordo com os princípios da metodologia da pedagogia da alternância; e

III - organização do calendário escolar de acordo com as fases do ciclo produtivo e as condições climáticas de cada região.

Art. 8º Em cumprimento ao art. 12 da Lei nº 11.947, de 16 de junho de 2009, os entes federados garantirão alimentação escolar dos alunos de acordo com os hábitos alimentares do contexto socioeconômico-cultural-tradicional predominante em que a escola está inserida.

Art. 9º O Ministério da Educação disciplinará os requisitos e os procedimentos para apresentação, por parte dos Estados, Municípios e Distrito Federal, de demandas de apoio técnico e financeiro suplementares para atendimento educacional das populações do campo, atendidas no mínimo as seguintes condições:

I - o ente federado, no âmbito de suas responsabilidades, deverá prever no respectivo plano de educação, diretrizes e metas para o desenvolvimento e a manutenção da educação do campo;

II - os Estados e o Distrito Federal, no âmbito de suas Secretarias de Educação, deverão contar com equipes técnico-pedagógicas específicas, com vistas à efetivação de políticas públicas de educação do campo; e

III - os Estados e o Distrito Federal deverão constituir instâncias colegiadas, com participação de representantes municipais, das organizações sociais do campo, das universidades públicas e outras instituições afins, com vistas a colaborar com a formulação, implementação e acompanhamento das políticas de educação do campo.

Parágrafo único. Ato do Ministro de Estado da Educação disporá sobre a instalação, a composição e o funcionamento de comissão nacional de educação do campo, que deverá articular-se com as instâncias colegiadas previstas no inciso III no acompanhamento do desenvolvimento das ações a que se refere este Decreto.

Art. 10. O Ministério da Educação poderá realizar parcerias com outros órgãos e entidades da administração pública para o desenvolvimento de ações conjuntas e para apoiar programas e outras iniciativas no interesse da educação do campo, observadas as diretrizes fixadas neste Decreto.

Art. 11. O Programa Nacional de Educação na Reforma Agrária - PRONERA, executado no âmbito do Ministério do Desenvolvimento Agrário pelo Instituto Nacional de Colonização e Reforma Agrária - INCRA, nos termos do art. 33 da Lei nº 11.947, de 16 de junho de 2009, integra a política de educação do campo.

Art. 12. Os objetivos do PRONERA são:

I - oferecer educação formal aos jovens e adultos beneficiários do Plano Nacional de Reforma Agrária - PNRA, em todos os níveis de ensino;

II - melhorar as condições do acesso à educação do público do PNRA; e

III - proporcionar melhorias no desenvolvimento dos assentamentos rurais por meio da qualificação do público do PNRA e dos profissionais que desenvolvem atividades educacionais e técnicas nos assentamentos.

Art. 13. São beneficiários do PRONERA:

I - população jovem e adulta das famílias beneficiárias dos projetos de assentamento criados ou reconhecidos pelo INCRA e do Programa Nacional de Crédito Fundiário - PNFC, de que trata o § 1º do art. 1º do Decreto nº 6.672, de 2 de dezembro de 2008;

II - alunos de cursos de especialização promovidos pelo INCRA;

III - professores e educadores que exerçam atividades educacionais voltadas às famílias beneficiárias; e

IV - demais famílias cadastradas pelo INCRA.

Art. 14. O PRONERA compreende o apoio a projetos nas seguintes áreas:

I - alfabetização e escolarização de jovens e adultos no ensino fundamental;

II - formação profissional conjugada com o ensino de nível médio, por meio de cursos de educação profissional de nível técnico, superior e pós-graduação em diferentes áreas do conhecimento;

III - capacitação e escolaridade de educadores;

IV - formação continuada e escolarização de professores de nível médio, na modalidade normal, ou em nível superior, por meio de licenciaturas e de cursos de pós-graduação;

V - produção, edição e organização de materiais didático-pedagógicos necessários à execução do PRONERA; e

VI - realização de estudos e pesquisas e promoção de seminários, debates e outras atividades com o objetivo de subsidiar e fortalecer as atividades do PRONERA.

Parágrafo único. O INCRA celebrará contratos, convênios, termos de cooperação ou outros instrumentos congêneres com instituições de ensino públicas e privadas sem fins lucrativos e demais órgãos e entidades públicas para execução de projetos no âmbito do PRONERA.

Art. 15. Os projetos desenvolvidos no âmbito do PRONERA poderão prever a aplicação de recursos para o custeio das atividades necessárias à sua execução, conforme norma a ser expedida pelo INCRA, nos termos da legislação vigente.

Art. 16. A gestão nacional do PRONERA cabe ao INCRA, que tem as seguintes atribuições:

I - coordenar e supervisionar os projetos executados no âmbito do Programa;

II - definir procedimentos e produzir manuais técnicos para as atividades relacionadas ao Programa, aprovando-os em atos próprios no âmbito de sua competência ou propondo atos normativos da competência do Ministro de Estado do Desenvolvimento Agrário; e

III - coordenar a Comissão Pedagógica Nacional de que trata o art. 17.

Art. 17. O PRONERA contará com uma Comissão Pedagógica Nacional, formada por representantes da sociedade civil e do governo federal, com as seguintes finalidades:

I - orientar e definir as ações político-pedagógicas;

II - emitir parecer técnico e pedagógico sobre propostas de trabalho e projetos; e

III - acompanhar e avaliar os cursos implementados no âmbito do Programa.

§ 1º A composição e atribuições da Comissão Pedagógica Nacional serão disciplinadas pelo Presidente do INCRA.

§ 2º A Comissão Pedagógica Nacional deverá contar com a participação de representantes, entre outros, do Ministério do Desenvolvimento Agrário, do Ministério da Educação e do INCRA.

Art. 18. As despesas da União com a política de educação do campo e com o PRONERA correrão à conta das dotações orçamentárias anualmente consignadas, respectivamente, aos Ministérios da Educação e do Desenvolvimento Agrário, observados os limites estipulados pelo Poder Executivo, na forma da legislação orçamentária e financeira.

Art. 19. Este Decreto entra em vigor na data de sua publicação.

Brasília, 4 de novembro de 2010;
189º da Independência e 122º da República.

# DECRETO Nº 9.025, DE 5 DE ABRIL DE 2017

*Institui o Comitê Interministerial da Política de Juventude.*

> ▶ **Atenção:** o Decreto é bastante específico, não sendo provável que seja cobrado em concursos se não houver menção expressa no edital.

O PRESIDENTE DA REPÚBLICA, no uso da atribuição que lhe confere o art. 84, caput, inciso VI, alínea "a", da Constituição,

DECRETA:

Art. 1º Fica instituído o **Comitê Interministerial da Política de Juventude - Coijuv**, no âmbito da Secretaria de Governo da Presidência da República, como **órgão permanente** para gestão e monitoramento das políticas públicas do Governo federal para a juventude.

Art. 2º Compete ao Coijuv:

I - subsidiar e acompanhar a **gestão e o monitoramento da Política Nacional de Juventude**, de acordo com as deliberações das conferências nacionais de juventude, os planos plurianuais e outras diretrizes do Governo federal;

II - elaborar e propor a **regulamentação do Fundo Nacional** de Juventude do Sistema Nacional de Juventude - Sinajuve;

III - monitorar a **implementação no território nacional do Estatuto da Juventude e do Sinajuve**;

IV - elaborar o **Plano Nacional de Juventude e acompanhar periodicamente o cumprimento** dos objetivos e das metas propostos, observado o disposto no art. 227, § 8º, da Constituição;

V - subsidiar a elaboração de instrumentos de monitoramento e avaliação do Plano Nacional de Juventude e dos programas e das ações do Governo federal para a juventude;

VI - monitorar e propor o encaminhamento para as demandas recebidas dos movimentos juvenis pelo Governo federal; e

VII - publicar relatório com o balanço anual sobre programas e ações do Governo federal para a juventude.

Parágrafo único. A proposta de regulamentação de que trata o inciso II do caput deverá ser elaborada no prazo de cento e vinte dias, contado da data de publicação do ato de designação a que se refere o § 1º do art. 3º no Diário Oficial da União.

Art. 3º O Coijuv será constituído por **quinze membros** titulares, e suplentes, dos seguintes órgãos:

I - Secretaria de Governo da Presidência da República, que o coordenará por meio da Secretaria Nacional de Juventude;

II - Ministério da Justiça e Segurança Pública;

III - Ministério da Defesa;

IV - Ministério da Educação;

V - Ministério da Cultura;

VI - Ministério do Trabalho;

VII - Ministério do Desenvolvimento Social e Agrário;

VIII - Ministério da Saúde;

IX - Ministério da Ciência, Tecnologia, Inovações e Comunicações;

X - Ministério do Esporte;

XI - Ministério do Turismo;

XII - Ministério da Integração Nacional; e

XIII - Ministério dos Direitos Humanos, por meio de:

a) um representante da Secretaria Nacional de Políticas para as Mulheres;

b) um representante da Secretaria Nacional dos Direitos da Pessoa com Deficiência; e

c) um representante da Secretaria Nacional de Políticas de Promoção da Igualdade Racial.

§ 1º Os representantes do Coijuv, titulares e suplentes, serão indicados pelos titulares de seus órgãos, no prazo de trinta dias, contado da data de publicação deste Decreto, e designados por ato do Ministro de Estado

Chefe da Secretaria de Governo da Presidência da República, que poderá delegar essa atribuição ao Secretário-Executivo da Secretaria de Governo da Presidência da República.

§ 2º A Secretaria Nacional de Juventude da Secretaria de Governo da Presidência da República exercerá a Secretaria-Executiva do Coijuv, fornecerá o apoio institucional e técnico-administrativo e será responsável pelo assessoramento e pela organização dos trabalhos do Coijuv.

§ 3º Na primeira reunião, o Coijuv aprovará o seu regimento interno, por meio de Resolução, por maioria absoluta de seus membros.

§ 4º O Coijuv deliberará por **maioria simples**, presente a maioria absoluta de seus membros, exceto quanto ao disposto no § 3º e quanto à hipótese de alteração de seu regimento interno.

§ 5º O Coijuv realizará uma reunião ordinária por mês, devidamente lavrada em ata, e poderá haver convocação de reunião extraordinária a qualquer tempo pelo Coordenador do Coijuv.

§ 6º O Coijuv poderá convidar representantes de órgãos e entidades da **administração pública direta e indireta** em âmbito federal, estadual, distrital e municipal e da **sociedade civil** para acompanhamento de suas atividades.

§ 7º O Coijuv poderá instituir grupos de trabalho para apreciação de matérias específicas.

§ 8º A participação no Coijuv ou em seus grupos de trabalho será considerada **prestação de serviço público relevante**, não remunerada.

Art. 4º O Coijuv realizará, por convocação do Ministro de Estado Chefe da Secretaria de Governo da Presidência da República, reunião anual com os Ministros de Estado dos órgãos referidos no caput do art. 3º, ou com seus representantes, para aprovação do relatório com o balanço anual a que se refere o art. 2º, caput, inciso VII, e das prioridades de trabalho do Coijuv.

Art. 5º Fica revogado o Decreto nº 8.074, de 14 de agosto de 2013.

Art. 6º Este Decreto entra em vigor na data de sua publicação.

Brasília, 5 de abril de 2017;
196º da Independência e 129º da República

# DECRETO Nº 8.537, DE 5 DE OUTUBRO DE 2015

> *Regulamenta a Lei nº 12.852, de 5 de agosto de 2013, e a Lei nº 12.933, de 26 de dezembro de 2013, para dispor sobre o benefício da meia-entrada para acesso a eventos artístico-culturais e esportivos e para estabelecer os procedimentos e os critérios para a reserva de vagas a jovens de baixa renda nos veículos do sistema de transporte coletivo interestadual.*

▶ **Atenção:** Embora se trate de regulamentação específica, é possível que o Decreto seja cobrado nos concursos, mesmo quando não mencionado no edital, já que complementa o Estatuto da Juventude e esclarece conceitos.

A PRESIDENTA DA REPÚBLICA, no uso das atribuições que lhe conferem o art. 84, caput, incisos IV e VI, alínea "a", da Constituição, e tendo em vista o disposto no art. 23 e no art. 32 da Lei nº 12.852, de 5 de agosto de 2013, e na Lei nº 12.933, de 26 de dezembro de 2013,

DECRETA:

Art. 1º Este Decreto regulamenta o **benefício da meia-entrada** para acesso a eventos artístico-culturais e esportivos por jovens de baixa renda, por estudantes e por pessoas com deficiência e estabelece os procedimentos e os critérios para a reserva de vagas a jovens de baixa renda nos veículos do sistema de transporte coletivo interestadual.

Art. 2º Para os efeitos deste Decreto, **considera-se**:

I - **jovem de baixa renda** - pessoa com idade entre quinze e vinte e nove anos que pertence à família com renda mensal de até dois salários mínimos, inscrita no Cadastro Único para Programas Sociais do Governo Federal - CadÚnico;

II - **estudante** - pessoa regularmente matriculada em instituição de ensino, pública ou privada, nos níveis e modalidades previstos no Título V da Lei nº 9.394, de 20 de dezembro de 1996 - Lei de Diretrizes e Bases da Educação Nacional;

III - **pessoa com deficiência** - pessoa que possui impedimento de longo prazo de natureza física, mental, intelectual ou sensorial, o qual, em interação com uma ou mais barreiras, pode obstruir sua participação plena e efetiva na sociedade em igualdade de condições com outras pessoas;

IV - **acompanhante** - aquele que acompanha a pessoa com deficiência, o qual pode ou não desempenhar as funções de atendente pessoal;

V - **Identidade Jovem** - documento que comprova a condição de jovem de baixa renda;

VI - **Carteira de Identificação Estudantil - CIE** - documento que comprova a condição de estudante regularmente matriculado nos níveis e modalidades de educação e ensino previstos no Título V da Lei nº 9.394, de 1996, conforme modelo único nacionalmente padronizado, com certificação digital e que pode ter cinquenta por cento de características locais;

VII - **eventos artístico-culturais e esportivos** - exibições em cinemas, cineclubes e teatros, espetáculos musicais, de artes cênicas e circenses, eventos educativos, esportivos, de lazer e de entretenimento, promovidos por quaisquer entidades e realizados em estabelecimentos públicos ou particulares mediante cobrança de ingresso;

VIII - **ingresso** - documento, físico ou eletrônico, que possibilita o acesso individual e pessoal a eventos artístico-culturais e esportivos, vendido por estabelecimentos ou entidades produtoras ou promotoras do evento;

IX - **venda ao público em geral** - venda acessível a qualquer interessado indiscriminadamente, mediante pagamento do valor cobrado;

X - **transporte interestadual de passageiros** - transporte que atende mercados com origem e destino em Estados distintos, ou entre Estados e o Distrito Federal;

XI - **serviço de transporte regular** - serviço público delegado para execução de transporte interestadual de passageiros, operado por veículos do tipo rodoviário, ferroviário ou aquaviário, entre dois pontos terminais, aberto ao público em geral, com esquema operacional aprovado pela Agência Nacional de Transportes Terrestres - ANTT ou pela Agência Nacional de Transportes Aquaviários - Antaq;

XII - **serviço do tipo rodoviário** - serviço de transporte que transita por estrada ou por rodovia municipal, estadual, distrital ou federal e que permite o transporte de bagagem em compartimento específico;

XIII - **serviço do tipo aquaviário** - serviço de transporte que transita por rios, lagos, lagoas e baías e que opera linhas regulares, inclusive travessias;

XIV - **serviço do tipo ferroviário** - serviço de transporte que transita por ferrovias municipais, estaduais, distrital ou federal em linhas regulares;

XV - **linha regular** - serviço de transporte coletivo de passageiros executado em uma ligação de dois pontos terminais, aberto ao público em geral, de natureza regular e permanente, com itinerário definido no ato de sua delegação ou outorga;

XVI - **seção** - serviço realizado em trecho do itinerário de linha do serviço de transporte, com fracionamento do preço de passagem; e

XVII - **bilhete de viagem do jovem** - documento, físico ou eletrônico, que comprove o contrato de transporte gratuito ou com desconto de cinquenta por cento ao jovem de baixa renda, fornecido pela empresa prestadora do serviço de transporte, para possibilitar o ingresso do beneficiário no veículo, observado o disposto em Resolução da ANTT e da Antaq.

### Seção I
### Da meia-entrada para acesso
### a eventos artístico-culturais e esportivos

Art. 3º Os estudantes terão direito ao benefício da meia-entrada mediante a apresentação da CIE no momento da aquisição do ingresso e na portaria ou na entrada do local de realização do evento.

§ 1º A CIE será expedida por:

I - Associação Nacional de Pós-Graduandos - ANPG;

II - União Nacional dos Estudantes - UNE;

III - União Brasileira dos Estudantes Secundaristas - Ubes;

IV - entidades estaduais e municipais filiadas às entidades previstas nos incisos I a III;

V - Diretórios Centrais dos Estudantes - DCE; e

VI - Centros e Diretórios Acadêmicos, de nível médio e superior.

§ 2º Observado o disposto no § 2º do art. 1º da Lei nº 12.933, de 2013, deverão constar os seguintes elementos na CIE:

I - nome completo e data de nascimento do estudante;

II - foto recente do estudante;

III - nome da instituição de ensino na qual o estudante esteja matriculado;

IV - grau de escolaridade; e

V - data de validade até o dia 31 de março do ano subsequente ao de sua expedição.

§ 3º No ato de solicitação da CIE, o estudante deverá apresentar documento de identificação com foto expedido por órgão público e válido em todo território nacional e comprovante de matrícula correspondente ao ano letivo a que se refere o pedido.

§ 4º É vedada a cobrança de taxa de expedição da CIE para jovens estudantes de baixa renda, mediante comprovação dos requisitos estabelecidos no inciso I do caput do art. 2º.

§ 5º Os custos da expedição da CIE para jovens estudantes de baixa renda serão arcados pela instituição que a expedir.

§ 6º A CIE gratuita será idêntica à emitida a título oneroso e deverá ser expedida no mesmo prazo e por todos os locais credenciados para a sua expedição.

Art. 4º As entidades mencionadas nos incisos do § 1º do art. 3º deverão manter o documento comprobatório do vínculo do aluno com a instituição de ensino e disponibilizar banco de dados com o nome e o número de registro dos estudantes portadores da CIE, pelo mesmo prazo de validade da CIE, para eventuais consultas pelo Poder Público, estabelecimentos, produtoras e promotoras de eventos.

§ 1º É vedada a guarda de dados pessoais, após o vencimento do prazo de validade da CIE.

§ 2º Ficam assegurados o sigilo e a proteção de dados pessoais apurados no banco de dados referido no caput, sob responsabilidade das entidades mencionadas, vedada sua utilização para fins estranhos aos previstos neste Decreto.

Art. 5º Os jovens de baixa renda terão direito ao benefício da meia-entrada mediante a apresentação, no momento da aquisição do ingresso e na portaria ou na entrada do local de realização do evento, da Identidade Jovem acompanhada de documento de identificação com foto expedido por órgão público e válido em todo o território nacional.

§ 1º A Secretaria-Geral da Presidência da República, por meio da Secretaria Nacional de Juventude, emitirá a Identidade Jovem, conforme ato do Ministro de Estado Chefe da Secretaria-Geral da Presidência da República.

§ 2º A emissão de que trata o § 1º contará com o apoio do Ministério do Desenvolvimento Social e Combate à Fome.

Art. 6º As pessoas com deficiência terão direito ao benefício da meia-entrada mediante a apresentação, no momento da aquisição do ingresso e na portaria ou na entrada do local de realização do evento:

I - do cartão de Benefício de Prestação Continuada da Assistência Social da pessoa com deficiência; ou

II - de documento emitido pelo Instituto Nacional do Seguro Social - INSS que ateste a aposentadoria de acordo com os critérios estabelecidos na Lei Complementar nº 142, de 8 de maio de 2013.

§ 1º Os documentos de que tratam os incisos I e II do caput deverão estar acompanhados de documento de identificação com foto expedido por órgão público e válido em todo o território nacional.

§ 2º Os documentos previstos nos incisos I e II do caput serão substituídos, conforme regulamento, quando for instituída a avaliação da deficiência prevista no § 1º do art. 2º da Lei nº 13.146, de 6 de julho de 2015, para fins da meia-entrada.

§ 3º Quando a pessoa com deficiência necessitar de acompanhamento, ao seu acompanhante também se aplica o direito ao benefício previsto no caput.

§ 4º Enquanto não for instituída a avaliação de que trata o § 2º, com a identificação da necessidade ou não de acompanhante para cada caso, o benefício de que trata o § 3º será concedido mediante declaração da necessidade de acompanhamento pela pessoa com deficiência ou, na sua impossibilidade, por seu acompanhante, no momento da aquisição do ingresso e na portaria ou na entrada do local de realização do evento.

Art. 7º O valor do ingresso de meia-entrada deve equivaler à **metade do preço** do ingresso cobrado para a venda ao público em geral.

§ 1º O benefício previsto no caput **não é cumulativo** com outras promoções e convênios.

§ 2º O benefício previsto no caput não é cumulativo com vantagens vinculadas à aquisição do ingresso por associado de entidade de prática desportiva, como sócio torcedor ou equivalente e com a oferta de ingressos de que trata o inciso X do caput do art. 4º da Lei nº 13.155, de 4 de agosto de 2015.

Art. 8º A concessão do benefício da meia-entrada aplica-se a **todas as categorias de ingressos** disponíveis para venda ao público em geral.

§ 1º A regra estabelecida no caput aplica-se a ingressos para camarotes, áreas e cadeiras especiais, se vendidos de forma individual e pessoal.

§ 2º O benefício previsto no caput não se aplica ao valor dos serviços adicionais eventualmente oferecidos em camarotes, áreas e cadeiras especiais.

Art. 9º A concessão do benefício da meia-entrada aos beneficiários fica assegurada em **quarenta por cento do total** de ingressos disponíveis para venda ao público em geral, em cada evento.

Parágrafo único. Os ingressos destinados exclusivamente à venda para associados de entidades de prática desportiva, como sócio torcedor ou equivalente, não serão considerados para cálculo do percentual de que trata o caput.

Art. 10. Os ingressos de meia-entrada, no percentual de que trata o caput do art. 9º, deverão ser reservados aos beneficiários a partir do início das vendas **até quarenta e oito horas antes de cada evento**, com disponibilidade em todos os pontos de venda de ingresso, sejam eles físicos ou virtuais.

§ 1º Após o prazo estipulado no caput, a venda deverá ser realizada conforme demanda, contemplando o público em geral e os beneficiários da meia-entrada, até limite de que trata o art. 9º.

§ 2º A venda de ingressos iniciada após o prazo estipulado no caput seguirá a regra do § 1º.

§ 3º No caso de eventos realizados em estabelecimentos com capacidade superior a dez mil pessoas, o prazo de que trata o caput será de setenta e duas horas.

Art. 11. Os estabelecimentos, as produtoras e as promotoras de eventos disponibilizarão, de forma clara, precisa e ostensiva, as seguintes informações:

I - em todos os pontos de venda de ingresso, sejam eles físicos ou virtuais, e na portaria ou na entrada do local de realização do evento:

a) as condições estabelecidas para o gozo da meia-entrada, com a transcrição do art. 1º da Lei nº 12.933, de 2013; e

b) os telefones dos órgãos de fiscalização; e

II - em todos os pontos de venda de ingresso, sejam eles físicos ou virtuais:

a) o número total de ingressos e o número de ingressos disponíveis aos beneficiários da meia-entrada de que trata este Decreto e, se for o caso, com a especificação por categoria de ingresso; e

b) o aviso de que houve o esgotamento dos ingressos disponíveis aos beneficiários da meia-entrada de que trata este Decreto, incluindo formatos acessíveis a pessoas com deficiência sensoriais.

Parágrafo único. Na ausência das informações previstas no inciso II do caput, será garantido ao jovem de baixa-renda, aos estudantes, às pessoas com deficiência e ao seu acompanhante, quando necessário, o benefício da meia-entrada, independentemente do percentual referido no caput do art. 9º.

Art. 12. Os estabelecimentos, as produtoras e as promotoras de eventos deverão elaborar relatório da venda de ingressos após o encerramento das vendas, com indicação dos ingressos vendidos como meia-entrada.

Parágrafo único. O relatório de que trata o caput deverá ser mantido pelo prazo de trinta dias, contado da data da realização de cada evento, em sítio eletrônico ou em meio físico.

## Seção II
### Reserva de vagas a jovens de baixa renda nos veículos do sistema de transporte coletivo interestadual

Art. 13. Na forma definida no art. 32 da Lei nº 12.852, de 5 de agosto de 2013, ao jovem de baixa renda serão reservadas duas vagas gratuitas em cada veículo, comboio ferroviário ou embarcação do serviço convencional de transporte interestadual de passageiros e duas vagas com desconto de cinquenta por cento, no mínimo, no valor das passagens, a serem utilizadas depois de esgotadas as vagas gratuitas.

§ 1º Para fins do disposto no caput, incluem-se na condição de serviço de transporte convencional:

I - os serviços de transporte rodoviário interestadual de passageiros, prestado em veículo de características básicas, com ou sem sanitários, em linhas regulares;

II - os serviços de transporte ferroviário interestadual de passageiros, em linhas regulares; e

III - os serviços de transporte aquaviário interestadual, abertos ao público, realizados em rios, lagos, lagoas e baías, que operam linhas regulares, inclusive travessias.

§ 2º Para fazer uso das vagas gratuitas ou com desconto de cinquenta por cento previstas no caput, o beneficiário deverá solicitar um único bilhete de viagem do jovem, nos pontos de venda da transportadora, com antecedência mínima de três horas em relação ao horário de partida do ponto inicial da linha do serviço de transporte, podendo solicitar a emissão do bilhete de viagem de retorno, observados os procedimentos da venda de bilhete de passagem.

§ 3º Na existência de seções, nos pontos de seção devidamente autorizados para embarque de passageiros, a reserva de assentos deverá estar disponível até o horário definido para o ponto inicial da linha, conforme previsto no § 2º.

§ 4º Após o prazo estipulado no § 2º, caso os assentos reservados não tenham sido objeto de concessão do benefício de que trata este Decreto, as empresas prestadoras dos serviços poderão colocá-los à venda.

§ 5º Enquanto os bilhetes dos assentos referidos no § 4º não forem comercializados, continuarão disponíveis para o exercício do benefício da gratuidade e da meia-passagem.

§ 6º O jovem deverá comparecer ao terminal de embarque até trinta minutos antes da hora marcada para o início da viagem, sob pena de perda do benefício.

§ 7º O bilhete de viagem do jovem é nominal e intransferível e deverá conter referência ao benefício obtido, seja a gratuidade, seja o desconto de cinquenta por cento do valor da passagem.

Art. 14. No ato da solicitação do bilhete de viagem do jovem, o interessado deverá apresentar a Identidade Jovem acompanhada de documento de identificação com foto expedido por órgão público e válido em todo território nacional.

Parágrafo único. Quando o benefício não for concedido, as empresas prestadoras dos serviços de transporte deverão emitir ao solicitante documento que indicará a data, a hora, o local e o motivo da recusa.

Art. 15. O beneficiário não poderá fazer reserva em mais de um horário para o mesmo dia e mesmo destino ou para horários e dias cuja realização da viagem se demonstre impraticável e caracterize domínio de reserva de lugares, em detrimento de outros beneficiários.

Art. 16. O bilhete de viagem do jovem será emitido pela empresa prestadora do serviço, em conformidade com a legislação tributária e com os regulamentos da ANTT e da Antaq.

Parágrafo único. As empresas prestadoras dos serviços de transporte deverão informar à ANTT e à Antaq a movimentação de usuários titulares do benefício, por seção e por situação, na periodicidade e na forma definida por estas Agências em regulamento.

Art. 17. O jovem de baixa renda titular do benefício a que se refere o art. 13 terá assegurado os mesmos direitos garantidos aos demais passageiros.

Parágrafo único. Não estão incluídas no benefício as tarifas de utilização dos terminais, de pedágio e as despesas com alimentação.

Art. 18. O jovem de baixa renda está sujeito aos procedimentos de identificação de passageiros ao se apresentar para embarque, de acordo com o estabelecido pela ANTT e pela Antaq.

Art. 19. Além dos benefícios previstos no art. 13, fica facultada às empresas prestadoras de serviços de transporte a concessão ao jovem de baixa renda do desconto mínimo de cinquenta por cento do valor da passagem para os demais assentos disponíveis do veículo, comboio ferroviário ou da embarcação do serviço de transporte interestadual de passageiros.

Art. 20. As empresas prestadoras dos serviços de transporte disponibilizarão em todos os pontos de venda de passagens, sejam eles físicos ou virtuais, cópia do art. 32 da Lei nº 12.852, de 2013, e deste Decreto.

Art. 21. O benefício de que trata o art. 13 será disciplinado em resolução específica pela ANTT e pela Antaq, assegurada a disponibilização de relatório de vagas gratuitas e vagas com desconto concedidas.

## Seção III
**Disposições Finais**

Art. 22. O descumprimento das disposições previstas no art. 23 e no art. 32 da Lei nº 12.852, de 2013, na Lei nº 12.933, de 2013, e neste Decreto sujeita os estabelecimentos, produtoras e promotoras responsáveis pelos eventos culturais e esportivos e as empresas prestadoras dos serviços de transporte às sanções administrativas estabelecidas no Capítulo VII do

Título I da Lei nº 8.078, de 11 de setembro de 1990, e no art. 78-A e seguintes da Lei nº 10.233, de 5 de junho de 2001, sem prejuízo das demais sanções previstas em lei.

Art. 23. A **emissão irregular** ou fraudulenta de carteiras estudantis sujeita a entidade emissora às sanções previstas no parágrafo único do art. 3º da Lei nº 12.933, de 2013, sem prejuízo das demais sanções previstas em lei ou das sanções aplicáveis aos responsáveis pela irregularidade ou fraude.

Art. 24. A fiscalização do cumprimento do disposto na Lei nº 12.933, de 2013, e neste Decreto será exercida em todo território nacional pelos órgãos públicos competentes federais, estaduais, municipais e distrital, conforme área de atuação.

Art. 25. Aplicam-se as seguintes regras transitórias aos eventos realizados após a entrada em vigor deste Decreto, mas que tiveram ingressos vendidos, total ou parcialmente, antes da referida vigência:

I - os meios de comprovação aceitos pelos estabelecimentos, produtoras e promotoras para compra de ingresso com benefício da meia-entrada, antes da vigência deste Decreto, não podem ser recusados para acesso aos eventos, na portaria ou no local de entrada; e

II - o percentual de quarenta por cento de que trata o art. 9º poderá ser calculado sobre o total de ingressos disponibilizados para venda ao público em geral ou apenas sobre o número restante de ingressos disponíveis após a entrada em vigor deste Decreto, o que for mais benéfico aos estabelecimentos, produtoras e promotoras.

Art. 26. Os relatórios de que tratam o art. 12 e o art. 21 devem ser disponibilizados apenas para os eventos e viagens que forem realizados após a entrada em vigor deste Decreto.

Art. 27. Os órgãos competentes deverão adotar as medidas necessárias para disponibilizar, a partir de 31 de março de 2016, a Identidade Jovem e o bilhete de viagem do jovem, para fins de percepção do benefício de que tratam os art. 5º e art. 13.

Art. 28. Este Decreto entra em vigor no dia 1º de dezembro de 2015.

Brasília, 5 de outubro de 2015;
194º da Independência e 127º da República.